KB195778

브룩 보렐(Brooke Borel)
미국의 팩트체트 전문가이자 과학 분야 저널리스트.
자유기고가로서 다양한 매체에 글을 발표하는 동시에
에디터로서도 일해 왔다. 주로 과학 잡지 《언다크》의 편집자로
일하고 있으며, MIT 대학교의 나이트 저널리즘 프로그램(The
Knight Science Journalism Program)에서 '팩트체킹
프로젝트'를 이끌었다. 《가디언》, 《네이처》, 《더 애틀랜틱》 등의
다양한 매체에 기고하고 있으며, 뉴욕대학교 등에서 과학 글쓰기
워크숍도 진행하고 있다. 저서로 『빈대는 어떻게 침대와 세상을
정복했는가』가 있다.

신소희
서울대학교 국어국문과를 졸업하고 출판사 편집자를 거쳐
번역자가 되었다. 책을 통해 다양한 삶과 세상을 만나고 소개하며
살아간다. 옮긴 책으로 《야생의 위로》, 《야생의 식탁》, 《개와
고양이를 키웁니다》, 《수치심 버리기 연습》, 《살아 있는 산》,
《플롯 강화》 등이 있다.

팩트체크의
기초

THE CHICAGO GUIDE TO FACT-CHECKING,

Second Edition by Brooke Borel

© 2016, 2023 by Brooke Borel.

All rights reserved.

Licensed by The University of Chicago Press, Chicago, Illinois, U.S.A.

Korean translation rights arranged with The University of Chicago Press,

Chicago, through Danny HongAgency, Seoul.

Korean translation © 2025 by UU Press

이 책의 한국어판 저작권은 대니홍 에이전시를 통한 저작권사와의
독점 계약으로 유유출판사에 있습니다. 저작권법에 의해 한국 내에서
보호를 받는 저작물이므로 무단전재와 복제를 금합니다.

팩트체크의 기초

당신의 콘텐츠가
가짜가 되지 않게

브룩 보렐 지음
신소희 옮김

유유

가짜 뉴스의 시대를 끝낼
팩트체크 핵심 기술

이 책은 일반 독자에게 팩트체크의 필요성을 일깨워 줄 뿐만 아니라 텍스트·음성·사진·영상·통계 등 매체에 따른 팩트체크 포인트를 알려 준다. 구글 고급 검색, 온라인 이미지 역추적, 컴퓨터로 생성된 이미지 식별 등 인터넷에서 자료를 찾고 믿을 만한지 판단하는 방법은 누구나 일상에서 손쉽게 활용할 수 있다. 본문 중의 박스와 부록을 통해 다양한 연습 문제도 제공한다. 나아가 직업적으로 팩트체크를 해야 하는 언론 및 출판 종사자에게도 협업자나 취재원과의 소통, 법적 고려사항, 자료 정리와 백업 등 여러 모로 유용한 요령을 소개한다. 작가나 논문을 써야 하는 연구자, 독립출판 관계자라면 저예산으로 진행하는 약식 및 셀프 팩트체크 방식을 참고할 만하다. 『뉴욕 타임스』, 『GQ』, 『롤링스톤』 등 쟁쟁한 출판물 편집부에서 일해 온 경력자들이 들려주는 팩트체크 현장의 생생하고 아찔한 일화들은 덤이다.

물론 미국에서 나온 책이니만큼 한국의 현실과 완전히 맞아떨어지지는 않는다. 무엇보다도 이 책에서 설명하듯 미국 언론계(특히 잡지)에서는 팩트체크가 기사 작성이나 편집과 별도의 직무로서 가치를 인정받곤 하지만, 한국에서는 편집자나 기자가 알아서 팩트체크를 해야 하는 경우가 많다. 그럼에도 저자가 소개하는 팩트체크 과정이 본질적으로 어느 나라의 언론에든 필요하고 유용하다는 점은 부정하기 어렵다.

상세 사항에 있어서도 실무 절차나 법적 판례 등 한국에 그대로 적용할 수 없는 부분들이 있다(예를 들어 미국에서는 사실적시 명예훼손죄가 성립하지 않고 공인이나 유명인사가 사생활 침해 소송에서 승리하기도 쉽지 않다). 그렇다고 해도 이 책의 유효성은 조금도 줄어들지는 않는다. 오히려 이 책을 통해 한국에서도 팩트체크의 중요성이 대두되고 국내 실정을 더욱 잘 알려주는 또 다른 책이 나올 수 있기를 기대하게 된다.

저자 본인도 중간중간 농반진반으로 언급하듯이, 팩트체크는 현실적으로 불가능한 목표를 좇는 일로 보일 수 있다. 인명·지명의 철자와 같은 '사실', 전체적 논지와 같은 '진실'(저자에 따르면 "사실이란 이 문장이 '사실'이라는 단어로 시작한다는 것처럼 반박의 여지가 없는 무언가"이고 "진실이란 특정한 맥락에 놓인 하나 이상의 사실"이다), 그리고 "이 목록에 없는 것, 지난주에 확인한 것, 이미 아는 것"까지 '모든 것'을 확인해야 한다고 하니 말이다. 게다가 논란의 여지가 없는 사실이라도 이를 바탕으로 구성되는 진실은 보는 사람에 따라, 심지어 사실을 배열하는 순서에 따라서도 달라질 수 있기에 더욱 그렇다.

결국 모든 사실은 하나의 진실을 만들어 내는 요소일 뿐이다. 바로 이 부분이 매체를 생산할 때나 소비할 때 유의해야 할 핵심일 것이다. 팩트체크에서는 개별 사실도 중요하지만, 그 하나하나의 진위에 집착하다 보면 자칫 나무만 보고 숲은 보지 못할 수도 있다. 우리가 생산자일 때, 팩트체크는 명백한 오류뿐만 아니라 '우리가 말하려는' 진실을 제대로 뒷받침하지 못하는 사실을 걸러 내는 과정이다. 거꾸로 소비자일 때는 내용에 포함된 사실이 전부 맞는다고 해서 그 전체를 무조건 받아들일 수는 없다는 걸 명심해야 한다.

7~8년 전 『교열걸 코노 에츠코』라는 일본 텔레비전 드라마가 (주로 출판계 종사자들 사이에서) 화제를 끌었더랬다. 이 책에서 말하는 '전담 팩트체커'는 아니지만, 잡지사에서 사실 관계를 확인하기 위해 분투하며 상사뿐만 아니라 유명 작가에게도 당당하게 할 말을 하는 교정교열 담당자의 모습이 많은 편집자들에게 대리만족을 안겨 준 드라마였다.

현실적으로 출판계에서 팩트체크의 비중은 점점 위축되는 상황이다. 주류 언론사의 정기 간행물 편집부에서도 줄어드는 예산과 인력 탓에 기사의 모든 사실을 철저히 확인하기 어려운 상황인데, 단행본의 경우라면 말할 것도 없다(그렇다 해도 상업 출판의 역사가 길고 세계 유수의 출판사들이 포진한 미국도 별다를 바 없다는 이야기는 다소 충격적이었다).

이러한 상황은 역설적으로 모든 편집자에게, 나아가 모든 독자에게 팩트체크를 중요하다 못해 필수적인 과업으로서 던져 준다. 언론사나 출판사에서 글의 내용을 꼼꼼히 걸러 내는 전문인이 사라졌다는 의미에서도 그렇지만, 디지털과 소셜미디어의 시대에는 모든 사람이 작가이자 편집자이자 독자라는 의미에서도 그렇다.

이제는 텍스트를 넘어 생각 없이 웃기 위해 재생하는 숏폼 영상에 대해서도 팩트체크가 필요하다.

실제로 최근 미국의 도널드 트럼프 대통령 재선은 정치 저관여층의 영향이 컸다고 분석된다. 기존 정치 및 언론에 대한 불신과 경멸, 한편으로 일견 무해하고 비정치적으로 보이는 사설 대안 매체에서의 허위 및 혐오성 정보 유포라는 이중 경로를 통해서다. 트럼프 개인에 대한 지지를 넘어, 기후 격변과 백신에 관한 음모론도 지구의 미래를 위태롭게 한다.

이런 세계적 사회 변화 속에서 한국의 상황은 어떤가? 몇 년 전 한국 청소년들의 디지털 문해력, 그중에서도 정보 신뢰성 평가 능력이 OECD 최하위라는 조사 결과가 나온 바 있다. 학교에서의 교과 학습과 문제풀이 덕분에 정보 파악·이해 차원의 문해력은 우수하지만, 디지털 환경에서 쉴 새 없이 쏟아져 나오는 주관적이고 편향적인 정보를 비판적으로 판별하는 데 서툴다는 이야기다. 이런 현실을 고려하면 "팩트체크는 언제나 유효하며" "팩트체크를 이야기하고 소셜 미디어에 게시하고 친구나 가족과 토론할 필요가 있다"는 저자의 말이 새삼스럽게 다가온다.

일러두기
이 책의 원서 초판은 2016년에, 개정판은 2023년에 출간되었다.
옆의 머리말은 개정판 머리말이다.

머리말

팩트체크에 대해 당신이 알아야 할 거의 모든 지식

내가 『팩트체크의 기초』 초판 내용을 취재하고 편집한 2014~2016년만큼 팩트체크에 관해 쓰기 좋은 시기는 없었다. 많은 팩트체커와 언론인뿐만 아니라 내 가족과 친구들도 그렇게 말했다. 당시 일어난 여러 언론계 추문들도 이런 주장을 뒷받침하는 것처럼 보였다. 2014년 버지니아 대학교 사교클럽 강간 사건에 관한 『롤링스톤』의 부정확한 보도, 2015년 NBC 『나이트 뉴스』 앵커 브라이언 윌리엄스가 이라크 취재 중 로켓 추진식 수류탄 공격을 받았다고 거짓말했다는 폭로, 2016년 대량 살인범 딜런 루프에 관한 보도에서 취재원을 꾸며 내고 인용문을 조작한 『인터셉트』 기자 후안 톰프슨의 기만행위 등. 당시 『뉴욕 데일리 뉴스』, 『뉴욕 포스트』, 『뉴욕 매거진』, 『더 루트』, 『토론토 선』 등 많은 언론사가 톰프슨의 거짓 기사를 가져다 실었다.

나는 그때나 지금이나 똑같이 대답할 것이다. 팩트 체크 가이드를 쓴다는 것은 언론이, 아니 논픽션 매체가 존재한 이후로 언제나 유효하고 시의적절한 행위였다고. 돌이켜보면 2012년에는 천재로 칭송받던 과학 작가 조나 레러가 저서 『이매진』을 쓰면서 밥 딜런이 하지도 않은 말을 지어냈다. 2003년에는 『뉴욕 타임스』에서 제이슨 블레어가 여러 기사에 날조하거나 표절한 내용을 넣었고, 주디스 밀러는 사담 후세인의 대량살상무기 제조 능력에 관해 부정확한 기사를 썼다. 1998년에는 퓰리처상 최종 후보에 오른 퍼트리샤 스미스가 『보스턴 글로브』 칼럼의 취재원을 조작했다고 시인했으며, 스티븐 글래스라는 젊은 기자가 『뉴 리퍼블릭』을 비롯한 여러 간행물에 완전히 지어낸 기사를 쓰는 등 정교한 사기 행각을 벌이다 적발되기도 했다. 1981년에는 『워싱턴 포스트』에서 8세 헤로인 중독자 지미에 관한 기사를 날조한 재닛 쿡이 있었다. 언어 도용, 편향과 억측, 나아가 노골적 거짓말은 인쇄술이 탄생했을 때부터, 심지어 그 이전에도 존재했을 것이다.

이 책 초판이 출간된 2016년 9월과 내가 이 글을 쓰고 있는 2022년 초 사이에 참으로 많은 일들이 일어났다. 질 에이브럼슨의 저서 『진실의 상인』Merchants of Truth의 오류와 표절 의혹부터 독일 주간지 『슈피겔』의 클라스 렐로티우스 날조 사건까지 다양하고 새로운 언론계 추문이 있었다. 사회 문제도 더욱 광범위하게 발생하고 있다. 전 세계 민주주의 국가들은 포퓰리스트와 독재자로 의심되는 인물들 치하에서 격동기를 겪었으며, 이런 인물들 다수는 진실과 언론 매체 전반에 공공연한 경멸을 드러냈다. 언론사와 여러 기관에 대한 미국 대중의 신뢰도도 떨어지고 있는 것으로 나타났다. 1972년부터 미국 내 여러 기관에 대한 대중의 신뢰도를 추적해온 갤럽에 따르면 언론 신뢰도는 2021년 역대 두 번째로 낮은 수준이었다(가장 낮은 시점은 2016년이었다).

초판 출간 이후에 일어난 일로 홍수, 산불, 가뭄 등 기후 격변과 치명적 팬데믹도 있었다. 이 두 가지 위기는 오보, 허위 정보, 음모론, 선동의 비옥한 토양이 되었다. 정치인이나 편향적 웹사이트 들은 산불이 기후 격변의 결과가 아니라 환경 운동가와 안티파시스트들의 짓이라고 주장했으며, 코로나를 거치면서 백신이 위험하다는 거짓 정보가 한층 더 들끓었다. 게다가 5년 전에는 전혀 예상치 못했던 방식의 기만행위가 급증하고 있다. 인포워스★의 알렉스 존스와 같은 음모론자들을 예로 들어 보자. 존스는 오래전부터 상당한 소셜미디어 팔로어를 확보하고 있었지만, 2015년 당시 대선 후보였던 도널드 트럼프가 존스의 웹사이트에서 생방송 인터뷰를 하면서 더욱 영향력이 커졌다(2012년 일어난 샌디훅 초등학교 총격 사건에 관해 가짜 뉴스를 퍼뜨린 혐의로 2022년에 10억 달러 이상의 배상금을 무는 타격을 입긴 했지만).

앞으로 몇 년 동안 거짓 정보의 양상이 어떻게 변할지 누가 알겠는가? **확실한 것은 단 하나뿐이다.** 내게 또다시 머리말을 쓸 기회가 생긴다면 그때는 팩트체커들이 고민해야 할 쟁점과 요소 들의 목록이 완전히 달라지리라는 것이다.

따라서 **지금이 팩트체크에 관해 쓸 최적의 시기라는** 말은 틀렸다. 더 정확히 말하자면 **팩트체크에 관한 글은 언제나 유효하다.** 팩트체크에 관해 이야기하고 소셜미디어에 게시하고 친구나 가족과 토론하며, 그 내용을 저널리즘에 적용할 필요가 있다. 사실 팩트체크는 어느 시대에나 유효할 뿐만 아니라 인쇄물, 인터넷, 음성과 영상 등 어떤 매체에서나 유효하다. 언론의 명백한 위법 행위, 유력 정치인이나 음모론자의 거짓말뿐만 아니라 오탈자, 빈약한 설명, 출처 누락 등의 사소한 오류에서도 마찬가지다. 언론이 민주주의의 주춧돌이라면, 팩트체크는 글의 구조가 올바른지 확인하는 건축물 준공 검사 담당자다.

편집에서의 팩트체크란 기사 작성에 관여하지 않고 팩트체크만 전담하는 인력이 한 줄 한 줄 사실 관계를 확인하는 과정이지만, 많은 언론인이 이에 관해 잘 모른다. 팩트체크 과정을 가르치지 않는 신문방송학부나 제대로 적용하지 않는 보도국이 있기 때문이다. 물론 신문방송학 교수나 보도국은 학생이나 기자에게 저널리즘의 필수 요소로서 정보 검증을 요구하게 마련이나, 현실적으로 모든 기사를 재확인할 전담 팩트체커를 둘수 없는 보도국이 많다(이런 경우 편집부는 다른 검증 방식을 통해 오류를 찾아내는데, 이 책에서는 신문방송학부에서도 주로 가르치는 방식을 소개하겠다). 팩트체커와 협업할 기회가 없는 언론인이더라도 팩트체커가 있는 보도국 편집부의 작업 과정을 알아 두면 유익할 것이다.

팩트체커의 유형을 명확히 구분하는 것도 그들의

업무를 이해하는 데 도움이 된다. 이 책에서는 따로 명시하지 않는 한 언론사에 고용되어 기사가 발행되기 전에 재확인하는 편집 팩트체커에 관해 이야기하겠다. 이들은 정치인이나 기타 공인의 주장을 확인하는 정치 팩트체커와는 다르다. 언론인들도 종종 『폴리티팩트』나 『워싱턴 포스트』의 팩트체크 칼럼 등의 지면에서 정치 팩트체커로 일하기 때문에 더 헷갈릴 수 있다.

편집 팩트체커의 역할을 이해하려면 편집부의 다른 주요 직책, 특히 기자·편집자·교정교열자와 이들 모두가 협업하는 방식도 알아 두는 게 좋다. 각자가 기사를 완성하는 데 나름대로 기여하지만, 업무가 겹치는 부분도 있으며 때로는 서로의 역할이 충돌할 수도 있다.

저널리스트, 리포터, 그 밖의 어떤 명칭으로 불리든 간에 논픽션 기자의 목표는 사실을 바탕으로 기사를 쓰는 것이다. 첫 단계는 기사의 중심이 될 질문을 던지는 것이다. **특정 범죄가 발생한 날 밤에 실제로 무슨 일이 일어났는가? 현재의 건강 트렌드가 과학적 연구 결과와 일치하는가? 최근 틱톡에서 유행하는 춤은 누가 만들었는가?** 다음 단계는 인터뷰, 서면 보고서, 데이터 세트 등을 통해 해당 질문에 대답하는 데 유용한 사실을 수집하고 가능하다면 구체화하는 것이다. 기자는 사실을 면밀히 검토하고 서로 어떻게 연결되는지 파악한 다음 이를 발판으로 기사의 뼈대를 세워야 한다. 독자에게 정보를 어떻게 소개해야 할까? 각 주장을 어디서 어떻게 뒷받침할까? 장문 기사의 경우 무엇이 주된 맥락일까? 이들을 어떻게 묶어 낼까? 기사의 결론은 무엇이며, 이를 어떻게 간결하거나 통찰력 있는 표제로 압축할까? 기자는 취재한 내용을 백지 상태에서부터 짜임새 있게 엮어 내야 한다.

편집자의 직무는 다양하다. 우선 편집자는 기사를 받아 명확성과 흐름을 평가해야 한다. 글의 구조가 너무 복잡해서 독자가 따라가기 힘들다면 첫 단락과 이어지는 단락들의 순서를 바꿔서 간결하게 만들거나, 시간대를 이리저리 넘나드는 글을 직선적 연대기로 정리할 수도 있다. 또는 논리적 비약이나 핵심 정보 누락 등 기사의 허점을 찾고, 기자가 더 많은 정보를 찾아서 이를 보완하고 가다듬게 할 수 있다. 유능한 편집자라면 어떤 내용이 너무 단순해서 사실이 아니거나 부정확한 정보로 보일 때 기자(필자)를 추궁할 수도 있어야 한다. 한편 교정교열자는 기사의 문장 하나하나가 언론사의 기준에 맞는지 꼼꼼히 확인하고 윤문한다(전통적으로 편집자와 교정교열자는 별개의 직책이지만, 언론사의 예산이 줄어들고 직무 경계가 모호해지면서 최근에는 교정교열을 겸하는 편집자도 있다).

기사는 기자와 편집자 사이를 여러 번 오가고, 때로는 새로운 시각에서 검토하기 위해 다른 편집자에게 넘겨지기도 하면서 거의 최종 형태로 완성된다. 바로 이때가 팩트체커에게 기사가 넘겨지는 이상적인 시점이다. 편집 팩트체커는 기사를 가닥가닥 풀어내어 각 가닥이 튼튼한지 확인하고 약한 지점을 찾아내며, 필수적인 부분이 누락되지 않았는지 점검한다. 취재원이 신뢰할 만한지 면밀히 검토하고, 기자가 정보를 공정하고 정확하게 활용하여 기사를 작성했는지 판단하며, 자료가 기사 작성 방식과 부합하지 않는다면 지금까지 기사를 작성하고 확인한 기자와 편집자에게 이의를 제기한다. 콘데나스트★의 글로벌 리서치 디렉터이자 『배니티 페어』의 팩트체크 팀장이었던 존 밴타는 팩트체커가 필요한 이유를 이렇게 설명한다. "아무리 문장이 훌륭해도 그것만으로는 부족합니다. 팩트체커는 글에 덤벼들어 모든 요소를 분해하는 직업입니다. 엔진을 들어내고 모든 부품을 바닥에 내던진 다음 다시 조립하는 사람이죠."

★ Condé Nast, 미국의 잡지 출판 및 미디어 기업.

팩트체커와 언론인에게 요구되는 기술은 확실히 비슷한 부분이 있다. 어찌 보면 팩트체크는 보도를 되짚어 확인하는 작업인 만큼, 언론인이 팩트체크를 배우면 보도 실력이 향상될 수 있다. 기자 입장에서는 팩트체커가 기사를 분석하는 요령을 이해하면 의심스러운 자료에 의존하기 전에 한 번 더 생각할 수 있게 된다. 언론인이 아닌 논픽션 작가 또한 직접 팩트체크를 할 일은 없더라도 그 과정을 알아 두면 유익하며, 팩트체크가 필요한 매체에서 일하고 있다면 더욱 그렇다. 자신의 글이 팩트체크를 받게 된다면 신경이 쓰이겠지만, 정보와 자료를 정리하고 신빙성을 점검해 볼 계기가 될 수도 있다. 팩트체커를 둔 매체는 기자에게 사용한 모든 정보의 출처를 명시한 기사 사본을 요구하기도 한다. 팩트체크 절차가 없는 매체에서 일하는 사람이라도 그 방법을 알면 도움이 된다. 자신의 글을 스스로 팩트체크하는 건 불가능에 가깝다. 까딱하면 자기 판단을 과신하거나 허술한 글을 견고한 글로 착각하기 쉽다. 그래도 한 발짝 물러나 최대한 비판적으로 읽어 본다면 당황스러운 실수를 면할 수도 있다.

　　언론사에 따라서는 팩트체커와 편집자의 역할이

살짝 겹치기도 한다. 예를 들어 팩트체커가 기사가 구조적으로 허술하다고 판단하여 더 명료하게 고쳐 쓸 방안을 제시할 수도 있는데, 일반적으로 수정 요청에 대한 최종 결정권은 편집자에게 있다. 팩트체커와 교정교열자의 직무에도 몇 가지 유사한 점이 있다. 양쪽 모두 정확한 이름 철자 같은 단순 사실 요소에 관심을 기울일 수 있다. 그러나 교정교열자는 대체로 문체와 문법에 집중하며, 기사의 광범위한 정확성을 검증해야 하는 경우는 드물다(최소 인력으로 꾸려 가는 일부 매체에서는 팩트체커와 교정교열자가 동일 인물일 수도 있다).

예나 지금이나 편집 팩트체크가 가장 일반적인 분야는 인쇄 잡지다. 편집 팩트체크는 『뉴요커』와 『타임』 등의 출판물에서 시작되어 다른 매체로 확산되었다. 다음 날이면 새로운 기사로 대체되거나 기사 내용이 업데이트되는 신문이나 뉴스 방송에 비해 상대적으로 팩트체크에 투자할 시간이 있기 때문일 것이다. 신속해야 하는 신문사에서는 팩트체커를 고용하기보다 기자와 편집자가 자체적으로 정보 검증에 주의를 기울였다(잡지 기자가 정보 검증에 신경 쓰지 않는다는 것이 아니라 오류를 잡아내는 방식과 역할 분담이 다르다는 의미다).

게다가 일간지나 뉴스는 기자가 실수를 하더라도 바로 다음 날 신문과 뉴스를 통해 신속한 정정 보도가 가능했으나, 잡지는 정정 기사를 인쇄하기까지 한두 달은 걸렸으니 팩트체커를 써서 처음부터 제대로 된 기사를 작성하는 편이 합리적이었다.

오늘날에는 인쇄 출판물뿐만 아니라 디지털 출판물도 팩트체크에 투자한다. 2018년에 나는 MIT 나이트Knight 과학 저널리즘 프로그램의 지원을 받아 (저널리즘의 변방이지만 내 경력 대부분을 쏟은 분야이) 과학 저널리즘의 팩트체크 현황을 조사하는 프로젝트를 이끌었다. 팩트체커, 저널리스트, 편집자, 언론학과 교수 및 디렉터 등 300여 명을 대상으로 설문조사를 실시하고 91명과 면담한 결과, 디지털 출판물이나 인쇄 출판물이나 편집 팩트체크에 투자하는 자원은 비슷하다는 사실을 발견했다. 면담 결과에 따르면 많은 언론사가 기사에 새로운 팩트체크 방식을 적용하고 있었다. 내가 이 책 초판을 썼을 때와는 여러모로 환경이 바뀌었다. 장문 탐사 보도뿐만 아니라 길이를 떠나 법적으로 민감한 모든 기사에 시간과 비용이 상대적으로 많이 드는 잡지식 팩트체크를 시행하고, 속보나 시의성 있는 기사나 비교적 간략한 단신에는 편집자(경우에 따라서는 교정교열자)의 도움을 받아 기자가 직접 검증하는 신문식 팩트체크를 시행하는 매체도 있다.

이 책에서는 잡지식, 신문식 그리고 이 둘의 혼합식 팩트체크를 간단히 설명하겠다. 팟캐스트, 다큐멘터리, 논픽션 서적과 같은 매체에서도 팩트체커의 역할이 커지고 있는 만큼, 다양한 콘텐츠 유형에 맞춤한 조언과 요령도 제공할 것이다(참고로 논픽션 서적은 보통 출판사에서 팩트체크를 해 주지 않는다. 저자에 따라 직접 소액의 선금을 주고 팩트체커를 고용하거나, 위험을 무릅쓰고 스스로 팩트체크를 진행하기도 한다.)

지난 수십 년간 팩트체크 실무는 직접 일하면서 배우는 도제식으로 전수되어 왔다. 따라서 이 책에 실린 조언은 대부분 나 자신의 경험에서 나온 것이다. 나는 신문방송학부를 졸업한 후 첫 직장에서 팩트체커로 일했고, 이후에는 『사이언스 일러스트레이티드』라는 잡지에서 리서치 에디터로 일했다. 원래 덴마크어로 발행되는 잡지를 미국 독자에 맞춰 영어로 번역한 후 팩트체크하여 재포장하는 특이한 업무 경험이었다. 복잡한 과학과 수학 문제를 다루는 온라인 출판물 『콴타 매거진』의 팩트체커로도 일했고, 팩트체크에 관심 있는 작가 등을 대상으로 몇 년 동안 강의도 했다. 보도국 워크숍을 운영하는가 하면 팩트체크 팀을 신설하려는 언론사에 컨설팅을 해 주기도 했다. 내 첫 번째 논픽션 책을 썼을 때는 직접 팩트체크를 했지만, 여건이 된다면 제3자에게 맡기고 싶었다. 2019년부터 2022년까지는 MIT 나이트 과학 저널리즘 프로그램의 팩트체크 프로젝트 리더로 일하며 업무에 투입할 수 있는 팩트체커 명단, 교수와 교사를 위한 온라인 학습 자료, 새로 팩트체크 팀을 꾸리려는 편집자를 위한 각종 가이드라인까지 언론인에게 무상 제공되는 자료를 만들었다.

내 경험을 보완하고 폭넓은 관점을 반영하기 위해 초판을 집필할 때는 234명의 현직 및 전직 기자, 작가, 팩트체커, 리서치 담당자를 대상으로 설문조사를 실시했고, 수십 명의 전문가(설문조사에 응한 이들과 차후 소개받은 이들)와 면담도 했다. 이들이 근무한 매체는 『디 애틀랜틱』, 『오듀본』, CBS, 『디스커버』, 『엔터테인먼트 위클리』, 『GQ』, 『인스타일』, 『랩톱 매거진』, 『맨스 저널』, 『모어』, 『마더 존스』, 『내셔널 지오그래픽』, 『더

네이션』, 내셔널 지오그래픽 채널, 『뉴 리퍼블릭』, 『뉴욕 타임스 매거진』, 『뉴요커』, 『아웃사이드』, 『플레이보이』, 『파퓰러 미캐닉스』, 『파퓰러 사이언스』, 『라디오랩』, 레트로 리포트, 『사뵈르』Saveur, 스미소니언 채널, 『슈피겔』, 『스포츠 일러스트레이티드』, 『디스 아메리칸 라이프』, 『타임』, 『베니티 페어』, 『바이스』, 『더 빌리지 보이스』, 『보그』, 『와이어드』를 아우른다. 베스트셀러 논픽션 서적에 참여한 팩트체커도 있다. 나는 이들의 현장 경험을 책 곳곳에 반영했으며, 그들의 조언을 직접 인용하지 않은 부분에서도 여러모로 참고했다. 이번 개정판에서는 여전히 적절하고 유효한 조언은 그대로 유지하되 초판에 인용한 모든 이들에게 연락해 팩트체크에 관한 의견을 업데이트했으며, 5~6인의 의견을 새로 추가하고, 2018년 MIT 나이트 과학 저널리즘 팩트체크 보고서의 면담 및 설문조사 내용도 인용했다.

팩트체크라는 명칭 자체가 엄밀한 객관성을 암시하는 것처럼 들리지만, 사실 팩트체크는 딱 떨어지는 것이 아니다. 진실과 사실은 대부분의 사람들이 생각하는 것보다 더 모호할 수 있으며, 인명 철자와 같은 단순 정보가 아니라 논증 구성이나 서술 단계처럼 미묘한 영역에서는 더욱 그렇다. 팩트체크 실무도 고정된 것이 아니며 매체에 따라, 심지어 글의 종류에 따라 달라질 수 있다. 『디 애틀랜틱』의 리서치 책임자 이본 롤츠하우젠에 따르면 "필요한 팩트체크의 수준은 무엇보다도 콘텐츠에 달려" 있으며, "지극히 민감하고 소송이 제기될 수 있는 주제"는 "가장 노련한 팩트체커가 최고로 엄밀하게 확인"할 것이다. 빠르게 전달되어야 하는 뉴스는 더 가볍게 처리된다. 많은 출판물에서는 독자의 기대치도 중요한 요소다. 예를 들어 독자는 유명 인사의 약력보다는 환경 독소나 선거 사기를 다룬 3만 단어 분량의 기사에 더욱 큰 정성을 기대할 것이며, 따라서 두 기사의 팩트체크 수준도 그만큼 달라진다. 이상적인 팩트체크는 출판물마다, 나아가 기사마다 다를 수 있기에 이 책의 일부 내용에 동의하지 않는 팩트체커도 있을 것이다(심지어 나와 면담한 이들 중에도).

팩트체커로 일하다 보면 겸손해질 수밖에 없다. 이 일은 도저히 달성 불가능한 목표를 추구하는 것처럼 보인다. 객관적인 듯 보이는 사실이 실제로는 지극히 불확실하다면, 내가 발견하고 확인한 사실이 **진실**인지 어떻게 판단할 수 있을까? 누구의 진실이며 누구의 현실 인식인가? '사실'과 '진실'은 동의어처럼 보일 수 있지만 전혀 다른 말이다. 사실이란 당신이 읽고 있는 이 책의 두께나 이 문장이 '사실'이라는 단어로 시작되었다는 것처럼 반박의 여지가 없는 무언가를 말한다. 진실이란 특정한 맥락에 놓인 하나 이상의 사실로, 지면에 언급된 사실뿐만 아니라 그것을 둘러싼 정보, 기사를 쓰려고 면담한 인물들의 관점, 그 외 인물들의 또 다른 관점까지 아우를 수 있다. 진실은 편집부의 취합 방식에 의해 형성되기도 한다.

다시 말해, 사실 자체는 논란의 여지가 없다 해도 이를 바탕으로 기자가 만들어 내는 진실은 해석의 문제다. 똑같은 사실을 배열하는 순서에 따라 기사의 의미가 달라질 수도 있다. 두 기자에게 동일한 주제를 주면 각자 다른 기사를 작성하듯이, 두 기자에게 동일한 취재 자료를 제공하더라도 각자의 시각에 따라 전혀 다른 기사가 나올 수 있다. 실제로 2019년에는 NPR 팟캐스트 『인비저빌리아』Invisibilia에서 두 언론인이 똑같은 녹음테이프를 활용하여 각기 다른 기사를 써 냈다. 과거에 인셀, 즉 연애나 성관계에 실패한 비자발적 독신주의

자로 자칭했던 한 남성과의 인터뷰 테이프였다. 인셀은 대개 남성이며 자신의 실패 원인을 신체적 결점과 관심 대상(대체로 여성이다) 탓으로 돌리곤 한다. 이 팟캐스트 실험의 결과는 크게 달랐다. 첫 번째 기사를 쓴 저널리스트 해나 로진은 공감대 형성을 통해 그 남성의 사연을 이해해 보려 했고, 두 번째 기사를 쓴 프로듀서 겸 기자 리나 미시치스는 여성에 대한 폭력을 조장하고 악명 높은 살인 사건들로 이어진 인셀 하위문화뿐만 아니라 폭력적 관계에 처한 여성의 관점을 더 넓은 맥락에서 설명한다(해당 팟캐스트 에피소드는 '공감의 종말'이라는 제목으로 방송되었으며 한번 들어 볼 가치가 있다).

기사 하나로 사실을 정확하게 반영하고 맥락화하기는 어렵지만, 훌륭한 팩트체커는 진실에 도달하기가 불가능할 때도 진실을 지향하고, 기사에 쓰인 단어들을 근본적으로 철저히 검토하며 가능한 모든 관점에 비춰 본다.

사실을 밝히고 진실을 분별하는 길에는 수많은 난관이 있는 만큼, 아무리 면밀하게 팩트체크한 글이라도 오류나 왜곡은 존재할 수 있다. 어느 매체에서든 기사를 완성한다는 것은 무엇을 포함하고 무엇을 제외할지 결정하는 행위다. 기자, 편집자 또는 팩트체커는 단어 수 제한(또는 방송 시간)과 마감일이라는 제약 조건하에서 매력적인 콘텐츠를 제작한다는 목표를 가진 채로 기사의 본질을 전달하려면 어느 부분을 중요하게 다루어야 하는지 모든 단계에서 결정을 내려야 한다. 팩트체커의 온갖 단서, 해명, 장황한 맥락 설명까지 포함하려면 지면이나 방송 시간이 모자랄 뿐만 아니라 독자나 시청자를 끝까지 붙잡을 수 있는 하나의 이야기라기보다 백과사전 항목에 가까워질 것이다. 기사의 핵심, 즉 진실은 그대로 유지하되 정보를 올바르게 전달할 수 있다는 건 일종의 예술이다.

또한 우리는 저널리즘의 객관성을 지향하는 동시에 그것이 현실적으로 불가능함을 명심해야 한다. 저널리스트, 편집자, 팩트체커도 인간인 만큼 실수를 하게 마련이다. 우리는 어지러운 마음과 잘못된 기억을 가진 복잡한 존재다. 기사를 쓰거나 편집하거나 사실을 확인할 때마다 마감일, 인간관계, 피치 못할 편견과 타협해야 한다. 따라서 이 책에서 인용한 실수나 정정 사례는 그 당사자에게 망신을 주려는 것이 아니라 성실하게 운영되는 가장 권위 있는 매체에서도 오류는 생길 수 있다고 경고하기 위한 것이다.

팩트체커를 고용해 팩트체크 책을 팩트체크하고, 또 다른 팩트체커를 고용해 개정판을 팩트체크하는 초현실적인 메타 경험을 했음에도 이번 책 또한 (적어도 누군가가 보기에는) 오류가 있을 것이다. 앞으로 몇 년 동안 내 오류를 지적하며 기뻐할 독자들을 생각하니 온몸이 움츠러든다. **"당신은 팩트체크 책을 쓴 사람 아닌가요? 모든 것을 완벽하게 확인했어야 하지 않나요?!"**

하지만 팩트체크란 그보다 훨씬 복잡한 일이다. 이 책을 통해 그 이유를 알리고자 한다. 동시에 그럼에도 불구하고 팩트체크가 저널리즘의 필수 요소인 이유를 설명할 것이다.

이 책의 주제는 크게 두 가지다. 하나는 팩트체커로 일하거나 자신의 글을 직접 팩트체크하려는 사람을 위한 지침이고, 또 하나는 오늘날 다양한 매체에서의 팩트체크를 간단히 소개하며 작업 과정의 맥락을 제시하는 것이다.

1장 '팩트체크를 하는 이유'에서는 팩트체크의 근본적인 필요성을 머리말에서보다 더 자세히 설명할 것이다. 팩트체크나 보도가 잘못된 사례들을 소개하고, 팩트 체커가 이런 사태를 방지하기 위해 무엇을 확인해야 할지 짚어 본다. 오보로 인해 생길 수 있는 법적 문제도 훑어보겠지만, 법적으로 곤란한 상황에 처했다면 이 책에 의존하기보다는 노련한 언론 전문 변호사에게 문의하는 편이 나을 것이다. 나라도 그럴 테니까.

2장 '팩트체크가 필요한 정보'를 한마디로 요약해 보겠다. "전부 다." 이렇게 말한들 독자가 그 실제 의미를 이해할 수는 없을 것이다. 이 장에서는 팩트체커가 확인해야 할 정보의 종류를 설명한다. 여기서부터는 '팩트체커처럼 생각하기' 항목을 통해 팩트체크 실전 체험을 해 볼 수 있다. 이 항목에 제시된 문제는 정답이 없는 주관식이다. 독자가 직접 고민해 보고 팩트체크의 복잡성을 실감할 수 있길 바란다.

3장 '팩트체크를 하는 방법'에서는 팩트체크 과정을 구체적으로 풀어낸다. 팩트체크 경험이 전혀 없고 어디서부터 시작해야 할지 모르는 사람에게 좋은 자료가 될 것이다(기사에서 사실을 짚어 내는 방법, 편집자나 기자와 잘 지내는 방법 등). 여기서는 잡지식, 신문식, 혼합식으로 나누어 서술하겠다. 텍스트가 아닌 음성이나 영상을 팩트체크하는 방법(매체에 따라 특정한 고려 사항이 있다), 기자나 편집자나 프로듀서와의 협업 요령, 팩트체크 일거리를 찾는 방법도 설명한다. 셀프 팩트체크는 불가능하다고 생각하는 사람이 많지만, 이 장에서는 팩트체커 없이 자신의 글을 직접 재확인하는 방법도 제시할 것이다. 본문의 중요한 부분을 되짚어 보기 쉽게 요약한 '퀵 가이드' 항목과, 본문에 다룬 주제에 관해 더 상세하고 전문적인 정보를 제공하는 '전문가의 조언' 항목도 있다.

1~3장에서 팩트체크 과정을 알아본다면, 4장 '유형별 팩트체크 노하우'에서는 묘사부터 통계, 여론조사, 과학 논문 요약에 이르기까지 특정 범주의 사실 확인 방법을 안내한다. 또한 정신적 외상이나 학대처럼 민감한 주제를 다룰 때 고려해야 할 점도 구체적으로 제시할 것이다.

팩트체크의 수준은 원본 자료의 품질에 달려 있다. 5장 '자료별 팩트체크 활용법'에서는 1차 자료와 2차 자료의 차이를 알려 주고, 직접 찾아낸 자료나 기자가 제공한 자료가 믿을 만한지 판단하는 요령을 설명한다. 또한 취재원에게 연락을 취하고 소통하는 방법도 알아본다.

6장 '팩트체크 기록 및 자료 보관'에서는 서류와 전자 문서를 정리하고 백업하는 방법, 그리고 이것이 법적·실용적으로 중요한 이유를 설명한다.

7장 '연습 문제'에서는 두 가지 연습 문제를 풀어 볼 수 있다. 첫 번째는 단문 기사에서 확인해야 할 사실을 헤아리는 문제인데 생각보다 훨씬 어려울 것이다. 두 번째는 자료 목록에서 1차 자료와 2차 자료를 구분하고 품질을 평가하는 문제다. 연습 문제의 정답은 부록에 있다.

맺음말에서는 점점 더 디지털화되고 오보와 허위 정보, 거짓과 와전이 넘쳐나는 세상에서 팩트체크의 의미를 생각해 본다. 물론 인터넷으로 허위 정보가 유례없이 빠르게 확산되면서 팩트체크가 더욱 어려워진 것은 사실이다. 그래도 머신 러닝부터 블록체인, 딥페이크, 메타버스에 이르기까지 팩트체크와 저널리즘 전반에 영향을 미칠 다른 최신 기술도 논의하면서 최선을 다해 미래를 전망해 보려고 한다. 이런 용어들이 무슨 뜻인지 모른다 해도 걱정할 필요 없다. 내가 다 설명할 것이다.

1장

**팩트체크를
하는 이유**

기자는 논픽션을 씀으로써 독자와 계약을 맺는다. 그 글이 신문 기사든, 잡지 르포든, 다큐멘터리나 팟캐스트 대본이든 마찬가지다. 기자는 글을 통해 어떤 일이 **실제로 일어났다**고 말한다. 또한 자신의 주장을 뒷받침하기 위해 전문가 발언, 연구와 통계, 목격자 보고서 등의 자료를 제시한다. 이런 자료가 모여 글의 토대를 이룬다. 기자가 토대 위에 쌓아 올리는 핵심 논지 또한 중요하다. **실제로 일어난 일**뿐만 아니라 그 일이 일어난 **맥락**도 제시하기 때문이다.

언론인은 계약 사항을 준수하여 자신의 평판을 보호하고 독자의 신뢰에 부응하도록 노력해야 한다. 미디어 기업 콘데 나스트의 법무팀 편집자인 루크 잴러스키에 따르면 언론인은 "콘텐츠가 똑바로 설 수 있도록 엄밀히 검증해야 한다. 그래야만 신뢰를 얻고 이 바닥에서 믿을 수 있는 사람이 된다."

그러나 온갖 자료 읽기, 면담, 심사숙고 와중에 글의

토대가 갈라지고 무너질 수도 있다. 누군가의 공식 직함을 잘못 적거나 숫자의 자릿수를 혼동하는 단순한 부주의, 복사 오류 등 사소한 문제 때문일 수도 있다. 균열이 작고 나머지 자료가 견고하다면 글은 살아남을 수 있다. 하지만 어쨌든 균열이 있다면 관찰력이 뛰어난 독자는 토대 윗부분도 의문시하게 마련이다. 2012년 『보그』에 실린 클린턴 전 미국 대통령의 딸 첼시의 프로필 가운데 당시 국무부의 민주주의·인권·노동국 부차관보였던 대니얼 베어가 인테리어 디자이너로 소개된 사례를 보자. 또는 2016년 도널드 트럼프의 대통령 선거 러닝메이트가 힐러리 클린턴이라고 보도한 NPR 기사도 있다. 직함이나 이름을 혼동하여 잘못 쓴 것이 치명적인 실수는 아닐 것이다. 하지만 이런 실수를 알아차린 이상 이 기사의 나머지 정보를 신뢰할 수 있을까?

글의 토대를 뒤흔드는 더욱 심각한 문제도 있다. 지나친 요약으로 생긴 내용 오류, 의심스러운 자료, 사건과 그 맥락의 완전한 오해 등이다. 예를 들어 2012년 「부담적정보험법」에 관한 대법원 판결이 나온 후 CNN과 폭스 뉴스는 논란의 핵심인 개인 의무 조항이 실제로는 통과되지 않았는데도 통과되었다고 간략하게 보도했다.

2015년에는 『뉴욕 타임스』 기술 전문기자 닉 빌턴이 웨어러블 전자기기가 흡연만큼 건강에 해롭다는 기사를 썼다. 이 기사를 비판한 과학 저술가들은 빌턴이 수많은 반례를 무시하고 휴대폰과 암을 연관시키는 소수의 연구만을 골라냈으며 논란이 많은 대체의학 옹호자를 전문가로 인용했다고 지적했다. 결국 당시 『뉴욕 타임스』 편집장이었던 마거릿 설리번이 나서야 했고, 이후 온라인 기사에 200단어 분량의 해명이 추가되었다.

　더 심각한 문제는 기자가 표절을 하거나 인용문을 왜곡 또는 날조하는 행위다. 예를 들어 『뉴욕 타임스』에서 워싱턴DC 연속 저격 등 여러 사건에 관해 표절 및 날조 기사를 쓴 제이슨 블레어, 『보스턴 글로브』 칼럼에 허위 사실을 집어넣은 퍼트리샤 스미스, 『뉴요커』 블로그에 표절한 글을 여럿 올리고 자신의 책 『이매진』에서 밥 딜런의 발언을 날조한 조나 레러가 있다. 『뉴 리퍼블릭』에서 기사뿐만 아니라 팩트체크 노트와 자료까지 날조한 스티븐 글래스, 이라크 침공 직전 부정확한 자료로 기사를 쓴 주디스 밀러, 2001년 『뉴욕 타임스 매거진』 기사를 위해 여러 사람의 인터뷰를 취합해 가짜 인물을 만드는 등 수차례 날조를 한 마이클 핀켈, 2018년 체포되기 전까지 7년 동안 독일 『슈피겔』 지의 간판 기자로 일하며 수많은 기사를 날조한 클라스 렐로티우스도 있다. 이들이 언론인으로서 중죄를 저지른 것은 모두 그럴듯한 '썰'을 풀거나 번드르르한 주장을 펼치기 위해서였다.

기자가 합의되지 않은 자료를 사용하거나 출처를 공개하려고 보도의 기본 규칙을 곡해하는 경우도 있다. 일반적으로 기자는 취재원의 발언이 '온 더 레코드'인지, 다시 말해 취재원의 신원을 밝혀도 되는지 혹은 익명 처리해야 할지 사전에 명확히 합의한다(용어 정의와 자세한 내용은 4장을 참조하라). 기자는 이를 비롯해 출처 표시 규칙을 준수해야 하지만, 인터뷰 노트와 녹취록을 살펴보면 실제로는 지키지 않은 경우가 있다.

단순한 실수와 고의적 규칙 위반 사이의 회색 지대도 있다. 기자 자신의 편견이 글에 스며들 수도 있다. 기자와 편집자가 설득력 있고 흥미진진한 서사를 만들거나 이야기의 흐름을 매끄럽게 다듬기 위해 몇 가지 사실을 얼버무릴 수도 있다. 기자가 글 하나에 몇 주, 몇 달, 심지어 몇 년을 투자한 경우, 이런 실수를 발견할 만큼 객관적 시각을 취하기가 불가능하지는 않더라도 상당히 어렵다. 사각지대는 계속 사각지대로 남을 가능성이 크다. 게다가 신문사, 출판사, 잡지사, 팟캐스트 등 각 매체는 고유한 관점을 갖고 이에 적합한 기사를 발행하는 만큼 기사를 작성할 때도 그런 관점이 반영되게 마련이다.

　기사 작성에 관여하지 않는 독립적 직책인 팩트체커는 회색 지대를 줄일 뿐만 아니라 더 명백하고 단순한 실수도 잡아낸다. 『모어』, 『디 애틀랜틱』, 『MIT 테크놀로지 리뷰』에서 오랫동안 팩트체커로 일했고 뉴욕대학교에서 팩트체크를 가르치는 비어트리스 호건은 이렇게 말한다. "우리 팩트체커는 청소부나 관리인과 같습니다. 모든 사람의 뒷정리 담당이죠." 실제로 훌륭한 팩트체커는 나무도 보고 숲도 보아야 한다. 기사의 모든 단어를 정독하며 개별 사실이나 진술을 들여다본 다음 뒤로 물러나 기사의 전제가 타당한지 점검하는 것이다. 팩트체커가 있다고 해서 기자와 편집자의 실수가 면책되는 것은 아니다. 최대한 정확한 기사를 완성할 책임은 이들 모두에게 있다. 하지만 실수의 무게를 가장 절감하는 사람은 팩트체커이며, 그 실수가 편집부 전체가 아니라 그 자신의 부주의 때문이거나 원래 없었다가 추가된 내용이라면 더욱 그렇다. 팩트체커는 그야말로 지독히 꼼꼼하고 회의적인 청소부 노릇을 해야 한다.

팩트체크 팀은 소속 매체가 허용하는 범위 내에서만 능력을 발휘할 수 있다는 점도 명심할 필요가 있다. 기자와 편집자, 디자이너에 이르기까지 기사에 관련된 모든 사람이 팩트체크 기술을 존중한다면 이들의 지원으로 기사가 더욱 개선될 수 있다. 편집부원들이 팩트체크 과정에 무관심하거나 기사의 토대가 위태로워져도 팩트체커가 발언할 수 없는 분위기라면 기사는 무너질 수밖에 없다.

인터넷으로 자료를 검색하고 활용할 때, 그리고 디지털 언론 매체를 소비할 때도 팩트체크는 필수적이다. 이 책 초판을 집필할 당시만 해도 전국에 방송되는 뉴스에서 검증되지 않은 가짜 뉴스를 종종 볼 수 있었다. 이후로 오보, 허위 정보, 선전, 음모론이 소셜미디어를 통해 확산되고 국내 및 국제 정치에 점점 더 큰 영향을 미치면서 온라인 정보를 받아들이는 방식이 훨씬 더 중요해졌다(참고로 **오보**와 **허위 정보**는 동의어가 아니다. 전자는 의도치 않게 퍼져나간 잘못된 정보고, 후자는 의도적으로 퍼뜨리는 잘못된 정보다.)

온라인 정보 자체가 나쁜 것은 아니며, 정보가 부정확할 가능성은 온라인 이전의 역사에서도 항상 마찬가지였다. 날조, 선정주의, 허황되고 부정확한 소문은 디지털 시대 훨씬 이전부터 존재했다. 예를 들어 1835년 『더 선』에 보도된 '위대한 달 사기'는 (실제) 천문학자가 달에 사는 박쥐 날개가 달린 (가짜) 생물을 발견했다는 기사였다. 1890년대 스페인-미국 전쟁을 부채질했던 윌리엄 랜돌프 허스트의 신문과 여타 선정적 매체들도 있다. 오보와 허위 정보 선동은 엄청나게 오래된 현상이다. 역사상 최초의 사례를 정확히 짚어 내기는 어렵겠지만, 그 유력한 후보를 고대 로마에서 발견할 수 있다. 기원전 44년경 옥타비아누스는 정적인 마르쿠스 안토니우스에 대한 흑색선전을 주화에 새겼다. 국제 저널리스트 센터 연구원들에 따르면 이 주화는 안토니우스를 "바람둥이 술꾼으로 묘사했으며, 그가 클레오파트라와의 혼외정사로 인해 타락한 꼭두각시가 되었다고 암시한다." 이런 간계가 옥타비아누스를 로마 최초의 황제로 만들어 준 것인지도 모른다.

디지털 시대인 현재와 과거의 차이는 매체가 아니라 그 기능에서 온다. 『디 애틀랜틱』 편집장인 에이드리엔 라프랑스는 이렇게 말한다. "언론인들은 이전 시대의 저널리즘이 더 정확하고 성실했다고 미화하는 경향이 있습니다. 그건 잘못된 생각입니다." 라프랑스에 따르면 실물 저널리즘은 좋고 디지털 저널리즘은 나쁘다는 생각은 "어리석고 근시안적"이다.

물론 과거와 현재의 매체에 중대한 차이가 있는 건 사실이다. 첫째로 과거에는 모두가 인쇄기를 가진 게 아니었고, 적에 대한 거짓 정보가 담긴 주화를 찍어 낼 수 있는 사람도 드물었다. 정보 생산 수단은 소수의 것이었다. 반면 디지털 시대가 되면서 인터넷에 연결된 사람이라면 누구든 마음대로 정보를 게시할 수 있게 되었다. 따라서 모든 사람이 과거와 현재의 두 번째 중대한 차이에 기여한다. 다시 말해 무수한 정보(양질이거나, 평범하거나, 저질이거나, 오로지 사람들을 현혹하기 위해 날조된)를 집단적으로 끊임없이 유통한다. 인터넷은 언론과 출판을 민주화하여 과거에는 거기 참여할 수 없었던 사람들의 접근성을 높였지만, 동시에 선별하기 어려운 정보의 눈사태를 초래했다. 우리는 쏟아지는 기사 하나하나를 읽을 때마다 그것이 정말로 가짜 뉴스인지, 그리고 누가 그것을 가짜 뉴스라고 부르는지 자문해 보는 데 지쳤다.

과거와 현재의 또 다른 중대한 차이는 이제 우리 모

두가 콘텐츠를 생산하는 퍼블리셔일 뿐만 아니라 노련한 마케터가 될 수 있는 도구까지 갖추었다는 점이다. 누구나 트위터, 페이스북, 왓츠앱, 인스타그램, 틱톡 또는 기타 소셜미디어에서 사실이든 거짓이든 어떤 이야기를 퍼뜨릴 수 있다. 기사를 읽지 않고도 '좋아요'를 누르거나 헤드라인을 재게시하거나 주장을 확산시키기가 너무 쉽다 보니 그게 의도적인 것이든 실수든 부정확한 이야기의 집단 폭격을 당하게 된다.

최근 몇 년 동안 일부 소셜미디어 회사들이 허위 정보를 억제하려고 애쓰긴 했지만, 그래봤자 흉기로 찔린 상처에 반창고를 붙이는 격이었다. 페이스북은 2016년 미국 대선을 둘러싼 가짜 뉴스 확산에 일조했다고 비난받자 그해 12월에 제3자 팩트체크 시스템을 도입했다. 그러나 이 시스템도 지금까지 맹비난을 받고 있다. 일부 사용자, 특히 애초에 허위 정보를 공유한 사용자들은 이런 조치도 검열에 해당한다고 주장했고, 활동가나 빅 테크 비평가들은 팩트체커가 가짜 또는 오해의 소지가 있는 게시물을 대량으로 처리하기는 어렵다고 말했다. 심지어 페이스북의 '제3자 팩트체크 팀'에 속한 일부 언론인들도 2018년 『가디언』에서 보도했듯 "사측이 팩트체크 팀의 우려를 무시했고 오보에 대처하는 데 그들의 전문성을 충분히 활용하지 못했다"고 반발했다.

　　트위터도 비슷한 문제에 직면했다. 팬데믹 초기 트위터는 코로나 바이러스에 관해 정확히 알리기 위한 정책을 시행했다. 하지만 그것만으로는 허위 정보를 자동으로 차단하거나 확산되지 못하게 막을 수 없었다. 라이어슨 대학교(최근 토론토 메트로폴리탄 대학교로 바뀌었다) 연구원들은 해당 정책 시행 이후 특정 해시태그(#FilmYourHospital)에 코로나 관련 오보를 첨부한 게시물을 올리고 그 확산 범위를 추적했다. 사용자들이 텅 빈 병원 사진과 동영상을 올리며 팬데믹은 사기라는 허위 정보를 퍼뜨리도록 유도하는 해시태그였다. 연구진은 이 해시태그가 트위터 사용자 4만 1903명 사이에서 7만 9736건의 상호작용을 일으켰음을 확인했다(그들 중 몇 퍼센트는 봇이나 가짜 계정이었다). 2020년 12월 트위터는 코로나 바이러스에 관한 오보를 표시하고 관련 계정을 일시 혹은 영구 정지하는 새로운 정책을 도입했지만, 이 역시 팬데믹이나 다른 주제에 관한 허위 주장을 막지 못했다. 구글 소유의 유튜브에서도 비슷하게 허위 정보 동영상을 삭제하려고 했지만 많은 난관에 부딪

혔다. 2020년과 2021년에 트위터, 페이스북, 구글 임원들이 의회 청문회에 소환된 데는 이들 기업이 거짓 정보를 퍼뜨린다는 이유도 있었다.

인터넷에서 사실 오류는 다양한 형태로 나타난다. 기존 언론사와 신생 인터넷 매체가 모두 팩트체크 없이 가짜 뉴스나 오보를 전파하는 경우도 있다. 이런 현상은 온라인 매체가 직접 취재하지 않고 서로 기사를 가져다 쓰는 짜깁기의 불행한 결과일 수 있다. 2013년 추수감사절 연휴에 지루해하던 미국인들이 여러 온라인 매체에서 펼쳐진 드라마에 넘어간 사례를 살펴보자. 엘런 게일이라는 남성이 US 에어웨이 항공편에서 다이앤이라는 여성과 다툰 이야기를 트위터에 생중계하고 있었다. 게일은 다이앤이 승무원에게 무례하게 행동하는 것을 보고 다이앤에게 술과 함께 기분 풀라는 메모를 보냈다고 주장했다. 다이앤은 매몰차게 응수했다. 게일이 다이앤과 주고받은 메모를 사진으로 찍어 팔로워들에게 보여주자 그의 팔로워는 3만 5천 명에서 14만 명으로 급증했다. 비행기가 공항에 착륙한 후 다이앤이 게일에게 다가가 뺨을 때리면서 이야기는 절정에 달했다. ABC, 비즈니스 인사이더, 버즈피드, CBC, 폭스, 『뉴욕 데일리 뉴스』등 많은 언론사가 이 사연을 보도했다.

하지만 이 이야기는 사실이 아니었다. 예전부터 트위터에 농담을 주로 올리던 게일이 여행 중 팔로어들을 즐겁게 해 주려고 지어낸 이야기였다. ABC와의 후속 인터뷰에서 게일은 초기 언론 보도에 관해 이렇게 말했다. "아무도 이 문제를 심각하게 받아들이지 않는다는 사실이 믿기지 않았어요. '왜 아무도 팩트체크를 안 하지?'라는 생각이 들었죠. 내 이야기가 새크라멘토 저녁 뉴스에 나왔을 때쯤엔 이 모든 게 어처구니없게 느껴졌어요."

가짜 뉴스를 발행하면 언론사의 보도 능력에 대한 독자의 신뢰가 약화된다. 이것만으로도 충분히 문제지만, 더 심각한 상황에서 오보를 전한다면 훨씬 더 해로운 결과가 발생할 수 있다. 2012년의 허리케인 샌디나 2013년의 보스턴 마라톤 폭탄 테러 등 소셜미디어 시대의 재난에 언론이 초래한 혼란을 떠올려 보자. 이런 재난 시에 언론사는 한층 더 신속하게 기사를 작성하고 게재해야 한다는 압박을 받으며, 그렇게 전파된 정보 가운데 상당수는 오보로 밝혀지기 마련이다. 허리케인 샌디가 통과할 무렵 로이터의 트위터 계정은 에너지 회사 콘솔리데이티드 에디슨의 직원 19명이 발전소에 갇혔다는 루머를 리트윗했다. 이 회사에서 근무하는 지인이 있다면 누구나 당황할 만한 소식이었다. 보스턴 마라톤 폭탄 테러가 일어난 후 CBS와 버즈피드 등의 언론사 기자들은 이런 내용을 리트윗하기도 했다. "경찰이 총격전 중인 #보스턴마라톤 용의자의 신상을 확인했다. 용의자 1: 마이크 물루게타. 용의자 2: 수닐 트리파티." 두 사람 모두 실제 용의자가 아니었고 후자는 경찰이 이름을 언급한 적도 없었는데 말이다. 브라운 대학교 학생이었던 트리파티는 폭탄 테러와 무관했을 뿐만 아니라 한 달 전부터 실종되어 가족들이 정신없이 찾아 헤매는 중이었다. 억울한 누명 자체도 고통스러웠겠지만, 더욱 끔찍한 사실은 그가 이후 시신으로 발견되었으며 자살한 것으로 추정된다는 점이다.

속보에 대한 압박이 불행한 결과를 초래한 또 다른 사례는 2011년 애리조나주 투손에서의 총기 난사로 게이브리얼 기퍼즈 하원의원을 포함해 18명이 총에 맞은 사건이다. 사망자는 전부 6명이었다. 처음에는 CBS, CNN, 폭스, 『허핑턴 포스트』, 『뉴욕 타임스』, NPR, 로이터 등 여러 언론사가 기퍼즈 의원이 사망했다고 보도했다. 사실 기퍼즈는 사망한 것이 아니라 머리에 총을 맞아

긴급 수술을 받고 있었다. 가짜 뉴스와 트윗은 기퍼즈의 가족과 유권자, 그리고 전 국민에게 충분히 끔찍한 상황을 더욱 고통스럽게 만들었다.

애리조나 총기 난사 1년 후, 당시 포인터 인스티튜트Poynter Institute의 블로그 '착오에 대한 반성Regret the Error'에서 오류·정정·팩트체크·검증에 대해 다루었고 동명의 책도 출간한 언론인 크레이그 실버먼은 사건을 설명하며 이렇게 회상했다. "중대 뉴스가 터지고 이야기가 퍼지면서 나타나는 절박함, 혼란, 정보의 아찔한 혼합을 트위터를 통해 성찰할 수 있었습니다." 원래 이런 과정은 보도국에서 기자들이 속보를 언제 어떻게 공개할지 결정하는 방식으로 진행되었다. 하지만 인터넷 시대에는 어수선한 중간 과정이 훤히 생중계되며, 안타깝게도 대중이 이 와중에 검증되지 않은 정보를 사실로 받아들일 수 있다. 실버먼이 같은 게시물에서 지적했듯이, 애리조나 지역 언론사는 기퍼즈에 관해 제대로 전달했다. 이를 통해 먼 곳에서 일어난 사건에 관한 트윗을 어떻게 판단해야 할지 알 수 있다. 사건 현장에 지리적으로 최대한 가깝고 따라서 더 제대로 취재할 수 있는 언론사의 보도를 참고하라는 것이다(더 알아보려면 실버먼의 『사

실 검증 지침서: 속보에 앞서 디지털 콘텐츠 검증하기』 Verification Handbook: A definitive guide to verifying digital content for emergency coverage를 참조하라).

최근 언론 생태계는 기존의 가짜 뉴스, 저널리즘적 오류, 각종 오보와 허위 정보로 인해 더욱 혼란스러워지고 있다. 기존 매체가 뜬소문을 퍼뜨리거나 그 밖의 오류를 범하면 정통 저널리즘을 '가짜 뉴스'로 매도하는 사람들에게 떡밥을 제공함으로써 허위 정보가 판치는 것을 돕는 꼴이다. 『뉴욕 타임스』의 과학 저술가이자 칼럼니스트이며 경력 초반에 『디스커버』의 팩트체커로 일한 칼 지머는 이렇게 말한다. "언론사가 정말로 실수를 저질렀다면 더욱 큰 대가를 치르게 됩니다. 일부 독자는 극히 드문 실수로도 언론사에 대한 신뢰를 잃을 수 있으니까요."

속보 전문 언론사에도 정보 검증 시스템은 있지만, 시간에 쫓기다 보니 정식 팩트체커를 쓰는 경우는 흔치 않다. TV와 온라인 매체의 속보 담당 기자들은 시간이 촉박한 만큼 자체적으로 수집하는 정보에 의존할 수밖에 없다. 그래도 이런 기사가 어디서 잘못될 수 있는지 살펴보면 도움이 된다. 기자에게 기회가 있었다면 어떻게 사실을 확인했을지, 잠재적 취약점을 찾아보는 것이다. 게일과 추수감사절 사건의 경우 팩트체커라면 게일뿐만 아니라 항공사, 그리고 가능하다면 '다이앤'에게도 이야기를 확인받았을 것이다. 허리케인 샌디, 보스턴 마라톤, 애리조나 총기 난사에서는 트위터에서 퍼지는 뜬소문을 리트윗하거나 기사로 다루기 전에 반드시 확인해야 한다는 깨달음을 얻을 수 있다. 팩트체커는 각각 콘솔리데이티드 에디슨, 보스턴 경찰서, 투손 지역 병원에 전화하여 사실을 확인할 수 있었을 것이다.

팩트체크는 철학적·실용적 이유 외에 법적 차원에서도 필요하다. 기사가 잘못된 경우 기자뿐만 아니라 편집자와 발행인도 평판이 손상될 수 있으며, 논란이 많은 주제나 탐사 보도라면 더욱 그렇다. 사실 오류로 기자나 언론사가 소송에 휘말려 수백만 달러의 손해배상금을 지불해야 할 수도 있다. 팩트체커는 명예훼손, 저작권, 사생활 침해 등 여러 법률 항목을 숙지하고 취재원에 각별히 주의를 기울여야 한다. 다음 내용은 법률 자문을 위한 것이 아니며, 본인이 작업한 기사가 소송 대상이 될지 확인하려면 변호사와 직접 상담해야 한다.

명예훼손은 구두에 의한 것과 서면에 의한 것 두 가지로 나뉜다(혼란스럽게도 뉴스 방송에서의 명예훼손은 서면에 의한 것으로 분류된다). 어느 경우든 개인이나 회사에 관한 허위 사실을 진술하여 고의로 명예를 훼손한 행위여야 한다. 보통 원고(소송을 제기한 사람)는 해당 정보가 실제로 부정확하며 이로 인해 직장을 잃거나 금전적 손해를 보는 등 구체적 피해를 입었음을 입증해야 한다(평판 훼손에 따른 정신적 스트레스도 피해로 인정될 수 있다).

명예훼손법은 공인과 사인에게 다르게 적용된다. 유명 인사, 공직자, 정치인 등은 공적 영역에 들어서는 순간 사생활 보호에 대한 기대를 어느 정도 포기해야 한다. 공인이 명예훼손 소송을 제기하려면 피고가 실제 악의를 가지고 허위 정보를 게시하거나 발언했음을 입증해야 한다. 이는 원고에게 정말로 악의를 품었다는 뜻이 아니라 해당 정보가 틀렸음을 알면서도 발행했다는 뜻이다. 실제 악의를 입증하는 것은 순전히 원고의 몫이다.

예를 들어 시카고 불스 선수였던 스카티 피펜은 2011년 그가 파산 신청을 했다고 오보를 내보낸 NBC 유니버설 미디어와 CBS 인터랙티브에 소송을 제기했다. 기자는 피펜의 파산 신청을 증명하는 서류를 가지고 있었지만, 알고 보니 해당 인물은 농구 선수가 아닌 동명이인인 것으로 밝혀졌다. 미국 대법원은 결국 이 사건을 심리하길 거부했고, 하급 법원은 피펜이 언론사의 단순 착각이 아님을 입증하지 못했다며 실제 악의의 증거가 없다는 이유로 소송을 기각했다. 기각되긴 했어도 언론사 입장에서는 애초에 소송이 제기되지 않는 편이 나았을 것이다. 이런 경우 팩트체커는 파산 신청 서류의 스카티 피펜이 정말로 농구 선수인지 확인하기 위해 해당 서류의 주소 및 기타 신원 정보를 비교하거나, 계약 담당자 등의 대리인을 통해 선수에게 직접 연락하는 등 더 나은 방법을 시도할 수 있었을 것이다.

공인의 명예훼손에서 '실제 악의'를 인정한 유명 판례는 여기서 언급할 가치가 있다. 1964년 미국 대법원에 회부된 『뉴욕 타임스』 대 L. B. 설리번 사건이다. 앨라배마주 몽고메리의 공공안전위원 설리번은 1960년 마틴 루서 킹 주니어의 변호 비용 모금 광고를 게재한 『뉴욕 타임스』를 명예훼손으로 주 법원에 고소했다. 광고에는 몇 가지 오류가 있었는데, 예를 들어 앨라배마 경찰이 킹을 4번이 아니라 7번 체포했다고 적혀 있었다. 설리번의 이름이 구체적으로 언급되지 않았음에도 그는 이 정보가 자신의 명예를 훼손한다고 생각했다. 앨라배마주 법원은 그가 배상금 50만 달러를 받아야 한다는 판결을 내렸다. 하지만 사건이 대법원으로 넘어가자 대법관들은 만장일치로 신문사의 손을 들어 주었다. 수정헌법 제1조와 제14조에 따라 "허위임을 알고 있거나 진실이든 거짓이든 신경 쓰지 않는 상태에서 이루어진 진술"로 정의되는 실제 악의를 입증하지 못하는 한, 주 정부는 공인에 손해배상을 청구할 수 없다는 판결이었다. 언론사에 유리한 결과가 나오긴 했지만, 이를 통해 사건(이 경우에는 킹의 체포) 발생 횟수처럼 사소해 보이는 사실도 확인하는 것이 중요함을 실감할 수 있다.

1984년부터 10년간 진행된 또 다른 유명한 명예훼손 소송이 있다. 정신분석학자 제프리 마송이 당시 『뉴요커』 기고자로서 자신에 관해 길고 흥미진진한 기사를 쓴 재닛 맬컴과 해당 언론사를 상대로 배상금 천만 달러를 청구한 사건이다. 마송은 맬컴이 인용문과 기타 정보를 날조했다고 주장했으며, 기나긴 소송 도중에 팩트체커를 끌어들이기도 했다. 본인이 해당 기사의 팩트체커인 낸시 프랭클린에게 기사의 부정확성을 지적했음에도 무시당했다고 진술한 것이다. 수차례의 판결 중 하나에서 항소법원은 소송을 배심재판으로 환송하며 『뉴요커』가 팩트체크 과정에서 맬컴의 기사 중 몇몇 세부 사항을 바로잡은 만큼, 비슷한 절차가 없는 잡지보다 더 면밀하게 조사했을 가능성이 크다고 시사했다. 결국 법원은 인용문이 허위일 수도 있지만 증거가 부족하다는 결론을 내리고 맬컴의 손을 들어 주었다. 『뉴요커』는 강력한 팩트체크 팀을 갖춘 것으로 유명한 만큼, 부정적 기사의 주인공이 소송을 제기할 가능성이 큰 상황에서 프랭클린이 최선을 다했으리라고 짐작할 수 있다. 하지만 이 사례를 통해 팩트체커의 작업이 법원에서 샅샅이 해부당할 수도 있음을 상기하면 좋을 것이다.

공인과는 달리 사인은 세간의 이목으로부터 법적으로 보호받는 만큼 명예훼손을 입증하기가 더 쉽다. 구체적으로 말해 신문사 또는 방송사의 부주의, 즉 정보가 사실인지 거짓인지 파악하는 데 필요한 언론의 합리적 절차를 따르지 않았다는 사실만 증명하면 된다. 물론 사인이라 해도 해당 진술이 정말로 허위이며 그 때문에 피해를 입었다고 입증해야 하는 건 마찬가지다. 사인에 관한 규정을 확립한 주요 대법원 판례로는 변호사 엘머 거츠가 존 버치 소사이어티의『아메리칸 오피니언』의 소유주 로버트 웰치를 고소한 거츠 대 로버트 웰치 사건이 있다.『아메리칸 오피니언』은 1969년에 한 남성을 총으로 쏴 죽이고 2급 살인 유죄 판결을 받은 시카고 경찰관에 관해 보도했다. 그리고 사망자의 가족을 별도의 민사소송에서 변호한 거츠가 '공산주의자'이자 '레닌주의자'라고 주장했다. 웰치는『뉴욕 타임스』대 설리번 소송을 인용하려고 했지만, 대법원 판결은 거츠가 사인인 만큼 명예훼손법이 더 엄하게 적용된다는 점을 지적했다. 모든 팩트체커는 기사에 등장하는 인물이 공인인지 사인인지 고려해야 하며, 특히 그 인물이 부정적으로 서술된 경우 더욱 팩트체크에 신중을 기해야 한다.

명예훼손법은 나라마다 크게 다르다. 예를 들어 영국에서는 원래 비방이나 명예훼손 소송을 제기하기가 미국에서보다 훨씬 쉬웠다. 2008년에 시작된 유명한 소송이 있다. 작가 사이먼 싱이『가디언』에 대체의학인 카이로프랙틱 요법을 비판하는 칼럼을 썼다가 카이로프랙틱 협회에 고소당한 것이다. 2년 동안 법정 공방이 이어진 끝에 협회는 결국 소송을 취하했다. 이후로 영국에서도 법이 다소 바뀌었다. 2013년 제정된 명예훼손법에 따르면 명예가 "심각하게 손상"되었음을 입증해야 명예훼손 소송을 제기할 수 있다. 또한 이 법은 피고가 "문제의 진술이 공공의 관심사에 관한 진술이거나 그 일부"이고 "문제의 진술이 공공의 이익에 부합한다고 합리적으로 믿었다"는 증거를 제시할 수 있게 허용했는데, 새로운 명예훼손법이 생기기 이전인 싱의 사례도 이에 해당했을 가능성이 높다. 모든 작가와 팩트체커는 자신의 기사가 게재될 국가의 명예훼손법을 숙지하고 있어야 한다.

사생활 침해에는 명예훼손과 달리 사실 적시도 포함될 수 있다. 사생활 침해의 정의는 복잡하지만 요약하자면 개인이 합리적인 범위에서 사생활 보호를 기대할 수 있다는 의미다. 예를 들어 기자나 언론사는 누군가의 집에서 당사자 몰래 또는 동의 없이 녹음한 인용문이나 기타 정보를 밝힐 수 없다. 성행위나 민감한 질병과 같은 내밀하고 사적인 사실을 공개하거나 개인의 이름 및 초상을 허락 없이 사용해서도 안 된다. 이라크에서 사망한 군인의 아버지가 아들의 관이 열린 장례식 사진을 실은 『하퍼스 매거진』에 제기한 사생활 침해 소송이 잘 알려

저 있다. 오클라호마주 법원은 장례식이 공개되었고 이 사건이 공적 관심사였다는 이유로 사진작가와 『하퍼스 매거진』의 손을 들어 주었다. 하지만 장례식이 비공개였고 참석한 시민 개인이 사진에 찍혔다면 소송이 더 길어졌을 수도 있다. 팩트체커가 확인해야 할 세부 사항은 바로 이런 것이다.

타인의 지적 재산을 무단으로 사용하는 저작권 침해 문제도 있다. 텍스트뿐만 아니라 이미지, 노래 가사, 음악, 음성 및 영상에 있어서도 저작권을 존중해야 한다. 이런 경우 책임은 보통 편집부나 디자인 팀에 있지만, 팩트체커가 규칙을 숙지하고 실수할 수 있는 부분을 명심하면 도움이 된다(저작권 침해를 표절과 혼동해서는 안 된다. 로펌 '클래리스 로'의 보스턴 미디어 및 수정헌법 제1조 변호사인 롭 버치에 따르면, 저작권 침해는 타인의 창작물을 승인 없이 사용하는 것이고 표절은 저작권 표시 없이 사용하는 것이다).

저작권 침해에서 언론인에게 중요한 예외가 있는데, 바로 아이디어와 사실이다. 아이디어와 사실은 **누구나** 합법적으로 자유롭게 사용할 수 있다. 저작권으로 보호되는 것은 아이디어를 제시하는 **방식**이다. 다시 말해 남들과 똑같은 단순 사실로 글을 쓸 수는 있지만 그 사실을 남들과 똑같은 방식으로 제시하면 안 된다. 하지만 경우에 따라서는 특정 표현 사용도 공정 사용★이라는 근거로 정당화할 수 있다. 자료 사용 승인 여부는 복잡한 계산에 따라 결정된다.

이런 법적 문제는 일반인이 이해하기 어려울 수 있으므로, 일부 언론사는 미디어에 정통한 변호사를 고용하여 기사를 검토한 후 게재하기도 한다. 변호사는 보통 기사를 읽어 보고 명예훼손 가능성이 있는 문구를 찾아낸 다음 정보의 출처를 묻거나 자료 열람을 요청할 수도 있다. 정보 출처가 확실해도 문구에 소송의 여지가 있다면 변호사는 문구를 더 안전하게 수정하자고 제안할 수 있다. 법적 위험성으로 변호사에게 지적받는 사람이 팩트체커만은 아니지만(주된 책임은 편집자와 취재 담당자의 몫이다), 팩트체커라면 미디어 윤리를 숙지하고 명예훼손 가능성이 있는 문구에 주의해야 한다.

이런 상황에도 불구하고 미디어에 팩트체크 전담자가 드문 이유는 무엇일까? 앞에서 언급한 것처럼 속보가 중요한 일간지 신문사나 24시간 뉴스 보도국에서는 사실상 온전한 팩트체크가 불가능하다는 이유도 있다. 팩

★ fair use, 저작권이 있는 문장을 비평이나 인용을 위해 저작권 소유자의 동의하에 갖다 쓰는 것.

트체커라는 안전망이 없는 시스템에서 사실 검증은 주로 기자의 몫이다(물론 유능한 편집자와 교정교열자가 보도의 허점을 메우는 데 도움을 줄 수도 있다). 많은 온라인 출판물은 원고료도 인쇄 잡지만큼 주지 못하는 형편이라 팩트체크 팀을 둘 예산이 없다. 과학 저술가 칼 지머는 이렇게 말한다. "팩트체크가 구식 저널리즘이 탐닉하는 케케묵은 사치로 여겨지는 걸 보면 슬픕니다. 팩트체크는 마티니 석 잔을 곁들인 오찬과는 다르거든요. 온라인 저널리즘이 수익을 올리려면 '아무 말 대잔치'여야 한다는 건 알지만, 자료를 확인하지 않고 온라인에서 계속 유포하면 우리가 살아가는 시대에 관한 사회적 이해가 훼손될 수 있습니다."

저널리즘이나 논픽션에서의 팩트체크는 사치일 수 없다. 그러나 기존 언론사는 팩트체커를 둘 예산이 부족하거나 더 적은 인력을 더 빡빡한 일정으로 굴리곤 하며, 신생 언론사는 편집 공정에 팩트체크를 도입하지 못하기 십상이다. 그렇다고 해서 만사가 암울하기만 한 것은 아니다. 나는 2018년에 MIT의 나이트 과학 저널리즘 프로그램 조사팀과 함께 저널리즘의 한 분야에서 팩트체크가 어떻게 이루어지고 있는지 파악하는 프로젝트를 진행했다(최종 보고서 제목은『과학 저널리즘의 팩트체크 현황』이다). 조사 결과 실제로 편집자가 어떤 식으로든 팩트체크를 하는 출판물이 상당히 많았고, 길고 복잡한 기사나 법적으로 민감한 사안에서는 더욱 그랬다. 설문조사에 응답한 언론사 중 3분의 1 남짓이 기사별로 팩트체커를 지정했고, 15퍼센트는 교정교열자가 팩트체크를 병행하고 있었다. 나머지는 기사별로 팩트체커를 지정하는 대신 기자와 편집자가 함께 정보를 검증하는 방식을 취했다. 내셔널 지오그래픽 채널이 제작하는 다큐멘터리부터『디스 아메리칸 라이프』나『라디오랩』과 같은 팟캐스트, 다큐멘터리 제작사 '레트로 리포트'에 이르는 다양한 매체에서 팩트체크 전담자를 찾아볼 수 있다. 심지어 코미디 뉴스쇼인『존 올리버의 레이트 위크 투나이트』에서도 연구원을 고용해 모든 코너를 재점검하고 있다.

기자도 자신의 작품에 팩트체크 방법론을 적용할 수 있다. 완벽한 해결책은 아니겠지만 적어도 다음과 같이 질문해 볼 수는 있다. 이 일이 정말 내가 생각하는 대로 일어났을까? 나는 왜 그렇게 생각하는가? 내가 서술한 사실들을 각각 어디서 찾았는가? 그 출처를 신뢰할

수 있는가? 궁극적으로 이것이 사실인지 내가 어떻게 알
수 있는가?

2장

**팩트체크가
필요한 정보**

2008년 선댄스 영화제에서 상영된 단편 영화 『FCU: 팩트체커 유닛』의 첫 장면은 대부분의 팩트체커에게 친숙하고 재미있을 것이다. 이 장면에서 크리스틴 샬이 연기한 가상 잡지 『딕툼』의 편집자는 피터 캐리넌과 브라이언 새카가 연기한 두 팩트체커를 감독한다. 팩트체커들은 편집자에게 받은 사실 목록을 끝까지 검토한 후 자랑스럽게 보고서를 넘겨준다.

편집자는 바닥에 떨어진 종이를 가리키며 말한다. "아, 하나 놓치셨네요."

팩트체커 한 명이 종이를 집어 들고 큰 소리로 읽는다.

"유명인의 수면 요령: 잠이 오지 않는다면 빌 머리처럼 잠자리에 들기 전에 따뜻한 우유 한 잔을 마셔 보자."

"어디서 이런 정보를 찾았대요?" 다른 팩트체커가 묻는다.

"위키피디아에서 찾은 것 같아요." 편집자가 대답

한다.

팩트체커들이 경악하며 외친다.

"위키피디아는 사용자들이 만든 사이트잖아요!"

"일곱 살배기 아이가 멋대로 적은 내용일 수도 있어요!"

"이 문제는 확인하려면 시간이 필요하겠네요."

하지만 편집자는 마감이 내일이라고 말한다. 도저히 불가능해 보이는 일정이다. 팩트체커들은 퀴즈 쇼 『제퍼디!』의 사회자로 유명한 알렉스 트레벡의 초상화 앞에서 기도한 후 (여기서부터는 스포일러다) 머리의 주소를 추적하여 그의 아파트에 침입했다가 곧바로 붙잡힌다. 머리는 팩트체커들을 쫓아내는 대신 같이 있어 달라고 부탁한다. 세 사람이 몇 시간 동안 『M*A*S*H』★를 보고, 마티니를 마시고, 책을 읽고, 체커 게임을 하고, 피아노로 젓가락 행진곡을 멋대로 연주하는 몽타주가 이어진다. 자정이 조금 지난 시각, 머리가 하품을 하자 팩트체커 한 명이 따뜻한 저지방 우유를 한 잔 따라 준다. 팩트체커들은 머리가 침대에 누워 잠들 때까지 지켜본 뒤 서로에게 말한다. "팩트체크 완료."

우스꽝스럽고 과장된 내용이긴 하지만, 이 영화를

★ 1972~1983년 방영된 TV 드라마로, 한국전쟁에 종군한 의료인들의 이야기를 코믹하게 그려 냈다.

통해 팩트체커가 사실을 확인하기 위해 얼마나 많은 노력을 기울여야 하는지 짐작해 볼 수 있다. 물론 현실에서는 무단 침입보다 빌 머리의 홍보 담당자와 통화하거나 최소한 그가 자기 전에 따뜻한 우유를 즐겨 마신다고 밝힌 인터뷰 등 확실한 2차 자료를 확보하는 편이 나을 것이다. 그렇다고 해서 팩트체커가 멀리 있는 취재원을 직접 만나러 가는 것이 반드시 이상한 일은 아니다. 언론인 경력이 25년 이상이며 2017년부터 『뉴욕 타임스 매거진』의 리서치 에디터로도 일한 신시아 코츠는 1995년 『뉴요커』 기사를 쓰면서 자료를 확인하기 위해 경비 전액을 받고 뉴욕에서 로스앤젤레스까지 찾아간 경험이 있다. 문제의 자료는 리 하비 오즈월드★의 소련 체류를 다룬 노먼 메일러의 저서 『오즈월드 이야기: 미국의 수수께끼』Oswald's Tale: An American Mystery 발췌문이었다. 메일러가 참고한 원본 자료는 그의 동료였던 영화 제작자 로렌스 실러의 집에 있었는데, 그 역시 어렵게 구한 문서였기에 집 밖으로 반출하기를 거부했다. 그래서 코츠와 동료는 실러의 집까지 찾아가 3~4일 동안 러시아 정보기관 문서를 포함한 원본 자료를 꼼꼼히 읽었다.

코미디나 음모를 떠나서, 팩트체커가 무엇을 확인

★1963년 전 미국 대통령 존 F. 케네디를 암살한 인물.

해야 하는지 묻는다면 그 대답은 '모든 것'이다. 유명인의 숙면 요령과 같은 사소한 사실이라도 마찬가지이며, 참고한 자료가 위키피디아 혹은 익명의 누군가가 편집한 내용일 경우 더욱 그렇다(위키피디아가 유용한 경우와 활용법 등 사실 확인에 관한 상세 내용은 4장을 참조하라).

모든 것이란 무엇인가? 일일이 예를 들기는 어렵다.

- 인명 및 지명 철자
- 인물, 장소, 사물에 대한 구체적 묘사
- 날짜
- 나이
- 대명사
- 인용문
- 숫자
- 측정값과 단위
- 지리적 장소와 묘사
- 과학적·기술적 설명
- 직책, 직무 설명, 소속
- 가격과 사양, 설명 등 제품에 관한 상세 정보

- 영화나 그 밖의 유명한 미디어 인용
- 역사적 발언이나 일화(흔히 사실로 여겨지는 것도 포함)
- 캡션을 포함한 그림과 사진
- 개념 정의와 단어 선택
- 전체 논지
- 이 목록에 없는 것
- 지난주에 확인한 것
- 이미 아는 것

마지막 범주, 즉 이미 안다고 생각하는 것이 가장 어렵다. 익숙한 정보는 아무래도 건너뛰고 싶어지기 때문이다. 『롤링스톤』과 『플레이보이』의 팩트체커였고 다른 여러 매체에서 외주자로 일한 코린 커밍스에 따르면 철저한 팩트체커는 이런 유혹에 넘어가지 않는다. "내 생각에 팩트체커가 명심해야 할 점이 있다면 잘 아는 주제를 다룰 때 더 조심해야 한다는 것입니다. 그래야 글을 읽고서 **'당연한 사실이잖아'**라고 생각하는 함정에 빠지지 않습니다." 지식 편향을 극복하는 한 가지 방법은 기자를 통해서든 직접 조사해서든 무조건 모든 사실에 대한 자료를 확보하는 것이다. 어쨌든 기록 차원에서라도 자료를 확보해야 하므로(6장 참조) 꼼꼼히 읽어 보고 자신이 안다고 생각하는 내용이 정말로 맞는지 확인하는 것이 좋다.

마지막으로, 훌륭한 팩트체커는 기사에서 누락된 부분을 찾아야 한다. 적당한 자료나 관점이 빠져서 기사가 틀렸을 만한 부분은 없는가? 최고의 팩트체커는 이런 틈새를 찾아낼 뿐만 아니라 정보 하나하나를 끈질기게 추적할 것이다. 그러려고 가장 오래도록 애쓰는 사람이 가장 성공적인 팩트체커가 된다. 천재적인 연구자가 되는 것보다 지칠 줄 모르는 끈기와 수완을 갖는 게 중요하다.

개별 사실은 팩트체커가 확인해야 할 사항으로 비교적 쉽게 인식할 수 있지만, 앞 장에서 논의했듯 더 애매한 회색 지대가 있다. 기자가 '사실'을 기반으로 펼치는 주장이다. 팩트체커는 아무리 어렵더라도 이런 부분까지 고민할 필요가 있다. 『디 애틀랜틱』 리서치 책임자 이본 롤츠하우젠은 이렇게 말한다. "우리는 자신에게, 기자에게, 해당 분야 전문가에게 끊임없이 질문해야 합니다. 당신은 이에 관해 어떻게 아는가? 어떻게 이에 관해 알 수 있는 위치에 있었는가? 사건이 일어났을 때 현장에 있었는가? 거기 있었던 사람들과 이야기했는가? 모든 돌을 하나하나 뒤집어 가며 '왜'라고 물어야 합니다. 그러다 보면 결국에는 사실을 적절히 확인하게 될 것입니다. 내 생각에 팩트체크는 작은 것과 큰 것, 나무와 숲을 골고루 보는 일입니다. 모든 나무가 숲과 일치하나요? 모든 사실이 한 그루의 나무라고 생각해 봅시다. 왼쪽, 오른쪽, 가운데 나무를 잘라 내도 숲이 유지될 수 있을까요?"

기사에서 확인해야 할 사실을 식별하려면 팩트체커는 근면하고 끈기 있고 집요해야 한다. 특정 부분이 '사실'인지 확실하지 않은 경우 그 부분을 확인하려면 어떤 조치를 취해야 할지 생각해 보자. 취할 수 있는 조치가 있다면 팩트체크 목록에 추가해야 한다.

● **팩트체커처럼 생각하기**

이 장을 다 읽고 나면 연필이나 펜을 들고 다시 읽으면서 확인해야 할 사실에 밑줄을 그어 보자.

『FCU: 팩트체커 유닛』에 나온 가상의 빌 머리에게로 돌아가 보자. 만약 당신이 현실에서 이 사실을 확인해야 한다면 어떻게 하겠는가? 팩트체커가 머리에게 따뜻한 우유 한 잔을 건네주고 잠재웠다는 것이 실제로 머리가 매일 잠들기 전에 그렇게 한다는 의미일까? 개별 사실을 확인하는 일만큼, 혹은 그보다 더욱 중요한 것이 있다. 팩트체커가 **어떤 방식으로** 사실을 확인하는가, 그리고 그 사실이 정말로 진실에 부합하는가이다.

3장

팩트체크를
하는 방법

이제 무엇을 왜 확인해야 하는지는 알았는데, 정확히 **어떻게** 확인해야 할까? 일반적으로 다양한 매체에서 팩트 체크가 어떻게 이루어지는지 알아 두면 유익하다. 2018년 MIT 나이트 과학 저널리즘 프로그램 조사팀이 팩트체크 보고서를 작성했을 때 인터뷰와 설문조사 전반에 나타난 패턴이 있다. 이 책 앞쪽에서 간략하게 설명했듯이 팩트체크 전담자를 쓰는 잡지식과 팩트체크를 주로 기자가 책임지는 신문식이 있다. 그런가 하면 길고 복잡하거나 법적으로 민감한 기사는 잡지식으로, 속보나 단신은 더 신속한 신문식으로 진행하는 혼합식 매체도 있다. 이 장에서는 각각의 방식을 개괄적으로 살펴보고 서면 기사(주로 텍스트로 이루어진 기사)에 어떻게 적용되는지 설명한다. 그런 다음 음성과 영상 매체에 관해서도 설명하겠다. 특정한 유형의 사실을 확인하는 방법과 자료를 찾는 방법은 다음 장에서 자세히 다룰 것이다.

팩트체커의 편집부 내 위치와 편집 절차는 언론사

에 따라 다른 만큼, 이 부분을 파악하는 것도 유익하다. 리서치 디렉터나 편집장이 직원 또는 프리랜서를 고용해 감독할 수도 있고, 일회성 도움이 필요한 소규모 언론사라면 개별 편집자가 직접 프리랜서를 구할 수도 있다. 어느 쪽이든 팩트체커는 한꺼번에 여러 기사를 진행할 수 있으며, 경험이 적은 사람은 단신을, 노련한 사람은 복잡하거나 중요한 기사를 맡을 가능성이 높다. 일반적으로 기사마다 기자 한 명(또는 경우에 따라 여러 명으로 이루어진 팀)과 담당 편집자 한 명(팩트체커에게 기사를 맡기는 당사자일 가능성이 높으며 담당 편집자라고도 한다)이 있다. 기사가 완성 단계에 가까워지면 편집부 규모에 따라 또 다른 편집자(보통 언론사 내에서 지위가 더 높은 편집자)가 기사를 검토할 수도 있다. 언론사에 따라 팩트체커는 해당 기사의 담당 편집자, 혹은 기자, 혹은 두 사람 모두와 소통할 수 있다. 팩트체커는 기자와 편집자가 거의 다 쓴 기사 초고를 전달받는데, 이쪽이 팩트체커 입장에서도 더 편리하다. 편집 과정에서 문장이 삭제, 이동, 혹은 추가될 때마다 한 무더기의 사실이 제거되고 새로운 무더기가 생겨나기 때문이다.

팩트체커의 역할은 자료와 기사를 대조하여 재확

인하는 데 그치지 않는다. 이런 작업을 수행하는 동안 기자 및 편집자와 원만한 관계를 유지해야 한다(취재원과의 관계에 관해서는 5장에서 다루겠다). 이들과의 관계가 원만하고 유익할 때도 있지만, 충돌을 무릅쓰고 수정 사항을 제안해야 할 때도 있다. 메시지를 전달하는 방식이 수정 사항이 수용될 가능성을 좌우할 수 있다. 이 장에서는 다른 담당자들과 협업할 때의 행동 요령에 관해서도 조언할 것이다.

잡지식

1단계: 읽기

언제나 첫 단계는 확인할 기사를 읽어 보는 것이다. 비
판적인 시각으로 기사를 숙지하는 것이 중요하다. 아무
리 훌륭한 기자나 노련한 편집자와 일하더라도 그들이
쓴 것을 그대로 믿어서는 안 된다. 정확성을 기하기 위
해 그들의 멋진 문장 일부를 삭제하거나 수정해야 할 수
도 있으니 마음을 단단히 먹자.

　기사를 한번 읽은 후, 시간 여유가 있다면(없는 경
우가 많겠지만) 해당 주제에 관한 글을 몇 개 찾아보자.
익명의 개인 블로그보다는 『뉴욕 타임스』처럼 신뢰할
수 있는 매체가 좋다. 이 글들을 참고하거나 지침으로
삼지는 말고 그저 다른 관점과 표현을 살펴보자. 당신이
담당한 기사가 도발적인 관점을 취할 수도 있고, 기존의
글들이 틀렸거나 불완전할 수도 있다. 당신이 담당한 기
사가 사실로부터 논리적으로 도출 가능한 범위를 넘어
선 주장을 하거나 중요한 관점을 놓쳤을 수도 있다. 어

떤 경우든 해당 기사가 그것이 다루는 주제의 전반적 생태계에서 어떤 위치에 있는지 파악해야 한다. 옳고 그름이 명확한 사실을 확인하는 데 그치지 말고 더 주관적인 회색 지대도 고려해야 한다.

글에서 다룬 사실뿐만 아니라 글에서 빠진 사실도 생각해 보자. 기사에 허점은 없는가? 내용이 누락되어 부정확해진 것은 아닌가?

『디 애틀랜틱』의 선임 편집자이자 『배니티 페어』에서 팩트체커로 일했던 미셸 키어로카는 이렇게 말한다. "우리가 인명 철자나 나이 같은 사실만 확인한다는 말은 틀렸어요. 우리는 글을 정말로 샅샅이 파헤쳐요. 뒷이야기를 찾아 읽고, 맥락을 파악하고, 논조가 적당한지 정보 출처들을 정당하게 다뤘는지도 확인하지요."

2단계: 출처 파악하기

일찌감치 기자에게(기자와 직접 연락할 수 없는 경우 편집자에게) 연락하여 기사에 참고한 자료를 요청하자(메모, 녹취록, 인터뷰 녹음, 논문, 책, 주요 취재원의 연락처 등). 기사에서 기자나 편집자가 염려하는 부분이 있는지, 다루기 까다로운 자료나 취재원이 있는지 (조심스럽게) 물어 보면 특별히 주의가 필요한 부분을 파악할 수 있다.

기자가 주석을 단 기사 사본까지 준비했다면 팩트체커가 꿈꾸는 이상적 협업자라고 할 만하다. 마이크로소프트 워드나 구글 드라이브, 기타 문서 작성 소프트웨어로 작성하고 특정 단어나 문장, 또는 전체 단락에서 참고한 자료를 메모나 각주, 미주로 달아 둔 전자 문서 말이다.

모든 기자가 이렇게 해 주지는 않는다. 연락처 명단과 녹취록 없는 음성 파일 한 무더기만 전달하는 사람도 있다. 위키피디아 링크와 검증되지 않은 블로그 게시물을 보내는 사람도 있다. 그런가 하면 아무것도 보내지 않고 훌쩍 취재여행을 떠나 버려서 긴급한 경우 실례를 무릅쓰고 엄한 시간에 위성전화로 연락해야 하는 사람도 있다. 어떤 경우든 필요한 자료를 찾을 수 없다면 편집자와 상의하여 기자에게 더 나은 자료를 얻을 방법을 모색해 보자. 그래도 문제가 해결되지 않으면 직접 자료를 찾아 나서야 할 수도 있다(자료 찾는 법은 4장을 참조하라).

3단계: 사실 표시하기

아날로그 작업을 선호한다면 기사 사본을 출력하자. 행간을 두 배로 늘리고 가장자리 여백을 넉넉히 잡아서 메모할 공간을 만드는 것이 좋다(디지털 작업을 선호한다면 이 책 102페이지를 참조하라). 즐겨 쓰는 필기도구를 들고 기사를 다시 읽으면서 사실이 포함된 단어나 문구를 표시해 보자. 물론 이러다 보면 기사 전체에 표시를 하게 될 수도 있다(앞서 '팩트체커처럼 생각하기' 연습을 하며 앞 장의 거의 모든 단어에 밑줄을 그었는가? 아니라면 돌아가서 다시 해 보자). 미니멀리스트라면 단색 펜을 선호하겠지만, 스프레드시트 작업이나 도표화를 즐기는 사람은 다양한 색으로 사실 유형을 분류하는 더욱 복잡한 체계를 구축할 수도 있다. 예를 들어 인용문은 분홍색, 고유명사는 노란색, 기자의 주관이 포함되어 모호한 문장은 초록색으로 표시하는 식이다. 또는 참고한 자료마다 다른 색으로 표시하는 사람도 있다.

『보그』의 팩트체커로 일했으며 지금은 없어진 『레이더』의 리서치 책임자였던 데이비드 츠바이크에 따르면, 기사가 길수록 꼼꼼한 팩트체크 체계가 필요하다. 츠바이크는 장문 기사를 작업할 때면 사실과 자료를 유형별로 색을 지정해 분류하고, 나아가 특정한 사실과 자료를 연결하는 숫자 체계도 사용했다고 한다. 아마도 해당 사실과 자료 사본 상단에 같은 숫자를 적어 놓는 방식이었을 것이다.

다시 말해 팩트체크 방식은 사람마다 다를 수 있으며 반드시 옳거나 그른 방법은 없다. 철저하고 일관되며 모든 정보를 추적하는 데 유용한 방식이라면 무엇이든 좋다.

4단계: 사실 분류

그다음 과정은 기사 내용과 시간이 얼마나 있느냐에 따라 달라진다. 민물장어처럼 꿈틀거려서 맨손으로 움켜잡기 어려운 사실도 있고, 와이파이도 없는 한적한 산꼭대기 오두막에서 명상 중인 사람을 직접 찾아가서 들어야만 하는 사실도 있을 것이다. 사실을 확인하기 위해 각자 일정과 우선순위가 있는 실제 인물들과 대화해야 한다면 상황이 더욱 복잡해진다. 그들이 이미 몇 시간씩 들여 기자와 인터뷰하거나 문서 및 자료를 찾아서 전달했다면 굳이 다시 당신과 대화하고 싶지 않을 수도 있다. 마감일에 맞춰 작업을 마치려면 이런 취재원에게는 일찌감치 연락해 두는 게 좋다. 그리고 이들과 인터뷰하는 짬짬이 인쇄 및 녹음 자료로 팩트체크할 수 있는 부분을 작업하면 된다. 포스트잇이나 전자 문서로 취재원의 연락처를 한데 모아 두면 나중에 쉽게 활용할 수 있을 것이다.

갑작스러운 전화 통화를 좋아하지 않는 사람도 많으니 별다른 요청이 없는 한 가급적 사전에 메일로 인터뷰 시간을 정하자. 경우에 따라서는 문자 메시지나 소셜 미디어 등 다양한 경로로 연락처를 추적해야 할 수도 있다. 유명 인사나 최고 경영자, 대학교 학과장처럼 연락하기 어려울 것으로 추정되는 사람과 대화해야 하는 경우 홍보 담당자나 비서, 언론 담당 부서의 메일 주소를 찾아서 그리로 연락을 취한다. 당신이 누구이며 왜 메일을 쓰는지, 얼마나 오랫동안 대화했으면 하는지 설명하고, 반드시 답장 기한을 명시한다.

취재원의 답장을 기다리는 동안 각자에게 질문할 사항을 정리하면서 인터뷰 준비를 하자. 질문을 구성하는 방법은 취재원과 기사 유형에 따라 달라진다. 예를 들어 취재원이 과학자나 기술 전문가라면, 과학계에서 사용하는 용어는 일상에서 쓰는 단어와 전혀 다른 의미일 수 있으니 기사에 쓰인 용어가 정확한지 물어 보고 싶을 것이다. 취재원이 면전에서 들었을 때 당황할 수 있는 민감한 내용을 다루어야 한다면, 가능한 한 중립적인 질문을 많이 던지면서 해당 주제에 관해 이야기하도록 유도해 보자.

기사 내용이 개인적이거나 정신적 외상을 유발할 수 있는 경우 인터뷰를 시작할 때 일러두는 것이 좋다. 예를 들어 다음과 같이 말할 수 있다. **"선생님이 이 문제로 이미 대화를 나눴고 다시 이를 언급하기가 힘드시리라는 것을 압니다. 시간을 내주셔서 정말 감사합니다. 기사를 제대로 쓰는 데 큰 도움이 될 겁니다."**

시작하기 전에 팩트체크의 이유를 설명하는 것은 누구를 어떻게 인터뷰하든 항상 바람직한 절차다. 기자를 믿지 않거나, 기자가 실수를 했거나, 인터뷰 상대를 신뢰할 수 없어서가 아니라고 알려 주는 것이다. 오히려 팩트체크 작업을 통해 의도치 않은 착오나 오해를 찾아낼 수 있다고 설명해도 좋겠다.

질문할 때는 단어와 표현에 유의하자. 예/아니요로 대답할 수 있는 단순한 질문은 인터뷰 상대가 대충 훑어보고 부정확하게 답변할 수 있다. 그들의 이름을 확인할

때 철자를 불러 주고 맞는지 확인하기보다는 인터뷰 상
대가 직접 철자를 대게 한다. 마찬가지로 사건이 일어난
날짜를 제시하고 정확한지 묻는 대신 문제의 날짜가 언
제였는지 물어본다. 물론 점점 더 복잡한 질문으로 넘어
가다 보면 예/아니요 형식을 피하기가 어려울 것이다.
그럴 때는 적당한 후속 질문을 통해 인터뷰 상대가 집중
하고 있는지 재확인하자.

 질문 목록이 준비되었으면 기사로 돌아가서 인터
뷰 없이도 확인할 수 있는 사실들을 살펴보자. 기사를
한 줄 한 줄 순서대로 팩트체크하는 사람도 있지만, 확
인해야 할 사실을 유형이나 자료에 따라 분류하는 사람
도 있다(색상별 분류법을 애용하는 사람과 겹칠 때가
많다).

● **전문가의 조언: 취재원에게 연락하기**
 취재원에게 메일을 보낼 때는 정중하고 간결하되 구체적
이어야 한다. 가끔 일어나는 불가피한 일정 변경에 대비해
실제보다 마감일을 앞당겨 제시하는 것이 좋다. 다음 예를
참조하라.

~~~~~~~~~~~~~~~~~~~~~~~~~~~~~~~~~~~~~

보낸 사람: 비키 베리티 <factchecker@magazine.com>

받는 사람: 팬시 팬츠 교수 <prof@universityx.edu>

참조: 유니버시티 X 미디어 <media@universityx.edu>

제목: 『임포턴트』 매거진 팩트체크 re: 캠페인 기부 (긴급
요청)

~~~~~~~~~~~~~~~~~~~~~~~~~~~~~~~~~~~~~

팬시 팬츠 교수님께

저는 『임포턴트』 매거진의 팩트체커이며, 개인 선거 기부금의 법적 한도에 관한 제인 프레스의 기사를 확인하고 있습니다. 제인 프레스 측에서 이 기사를 쓰기 위해 교수님을 인터뷰한 것으로 압니다. 대화에 언급된 정보 중 몇 가지 세부 사항을 검토하고 확인했으면 합니다. 잠깐 전화나 영상 통화를 해 주실 수 있을까요? 20분 정도 소요될 것으로 예상되며, 인쇄 일정에 맞추려면 다음 주 금요일까지 통화해야 합니다. 통화할 시간이 없으시다면 메일로 질문에 답변해 주시길 바랍니다. 감사합니다.

비키 베리티

기사를 읽다 보면 어느 인물과도 직접 상관은 없지만 직접 자료를 파고들기보다 전문가에게 물어보는 쪽

이 편리한 내용도 있을 것이다. 복잡한 개념이라면 더욱 그렇다. 이런 경우 인터뷰할 취재원 명단을 확인하여 해당 질문에 대답해 줄 만한 인물이 있는지 확인한다. 적당한 인물이 있다면 해당 내용을 전화나 영상 통화로 질문할 사항에 추가하자. 예를 들어 기자가 새로운 전기차 엔진에 관해 전문가를 인터뷰했고 당신이 이와 관련된 질문 목록을 준비했다고 해 보자. 기사를 다시 읽다 보면 마땅한 취재원이 없는 일반 자동차 기술과 관련해 확인해야 할 사실이 나올 수도 있다. 이를 질문 목록에 추가하면 전기차 전문가 본인은 답을 모르더라도 올바른 정보나 관련 지식을 지닌 다른 전문가를 알려 줄 수 있다. 해당 정보와 관련된 전문가가 명단에 없다면 직접 찾아 봐도 좋다(자세한 요령은 이 책 5장을 참조하라).

● 퀵 가이드: 사실 분류

어떤 사실은 다른 사실보다 확인하기 어려울 수 있다. 담당한 기사를 다시 읽으면서 확인하기 어려울 사실(예: 자리를 비웠거나 연락하기 어려운 인물의 증언)에 표시하고, 반대로 좀 더 쉽게 확인할 수 있는 사실(예: 잘 알려진 사건이 일어난 날짜)에도 표시해 두자. 다음 단계에 따라 진행하면 좋다.

1. 모든 취재원에게 최대한 빨리 연락하여 전화 또는 영상 인터뷰 약속을 잡는다.
2. 각 취재원에게 묻고 싶은 질문을 준비한다(개인별로 문서를 만드는 것이 최선이다).
3. 취재원의 응답을 기다리는 동안(또는 인터뷰 전에 시간이 남는다면) 문서나 기타 자료로 확인할 수 있는 간단한 사실들을 확인한다.

● **퀵 가이드: 메일? 전화?**

메일과 전화/영상 통화 중 어느 쪽이 인터뷰에 더 적합한지에 관해서는 팩트체커마다 의견이 다르다. 메일은 열람 가능한 서면 기록이 남으며, 질문이 간단하거나 통화가 어려운 상황에 유용할 수 있다. 전화 또는 영상 인터뷰는 후속 질문이 가능하고, 메일에서 놓치기 쉬운 사실 오류나 미묘한 뉘앙스를 감지할 수 있다.

취재원에 따라서 몇 가지 간단한 질문만 하면 될 수도 있다. 이런 경우 처음에 메일을 보낼 때 질문 내용도 포함하면 시간을 절약할 수 있다. 다만 유의할 점이 있

다. 전화나 영상 통화에서는 인터뷰 상대의 어조 변화를 감지할 수 있지만 메일로는 그러기가 불가능하다. 이런 단서가 있으면 질문 내용을 파고들어 더 정확한 세부 사항을 알아낼 수 있고, 어쩔 수 없이 예/아니요로 질문했을 경우 후속 질문을 던져 인터뷰 상대가 성실하게 대답했는지 확인하기에도 좋다. 전화나 영상 통화로 메일로는 확인할 수 없을 더 많은 정보를 알아내는 경우도 있다. 비어트리스 호건이 말해 준 사례를 보자. 호건은 미공군 조종사 출신 하원의원 마사 맥샐리에 관한 기사를 팩트체크한 적이 있다. 기사에 따르면 맥샐리는 국방부에 소송을 제기하여 여성 조종사가 사우디아라비아에서 기지를 벗어날 때 전통 드레스인 아바야를 입어야 하는 규정을 없앤 장본인이었다. 하지만 호건이 팩트체크를 위해 맥샐리의 참모총장과 통화하면서 들은 설명에 따르면 해당 규정이 없어진 건 의회가 관련 법을 통과시켰기 때문이었다. 호건이 원래 메일에 제시했던 질문들만 던졌다면 놓쳤을 중요한 사실이었다.

녹음기가 있다면 취재원과의 대화를 정확히 녹음해 두는 게 좋다. 미국에서는 상대방의 동의 없는 녹음이 불법인 주도 있으니 해당 지역의 법률을 확인해 보자. 녹음이 합법적인 지역이더라도 모든 내용을 확실히 파악하기 위해 통화를 녹음하겠다고 미리 말해 두는 것이 더 점잖고 편리할 것이다. 상대가 반대하는 경우 방송용이 아니라 메모 및 참고 자료로서 녹음하는 것이라고 설득하자.

5단계: 추적 및 문서화

팩트체크를 마치면 관련 단어에 √, □, 줄긋기 등으로 표시하고 문장 바로 옆 여백에 출처와 참고한 자료를 적는다. 그러다 보면 문서가 지저분해질 수밖에 없다. 적을 내용이 많은 경우 항목별로 번호를 매겨 별도의 문서를 만들고 기존 문서 여백에는 해당 번호만 적으면 된다.

기사에 수정이 필요한 경우 일반 교정 부호를 사용하여 수정안을 제시한다. 단어나 문자를 삽입하거나 삭제하는 대부분의 교정 부호는 고등학교 시절 선생님이 채점해 준 작문 과제에서 이미 보았을 것이다. 하지만 세 가지는 생소할 텐데, 그중 둘은 당신이 받은 기사 초고에도 있을지 모른다. 하나는 팩트체커의 숙적인 'TK', 다른 하나는 중립적인 'CK'다. 마지막으로 팩트체크가 끝날 때까지 계속 보게 될 '스텟'stet은 때로는 실망스럽지만 때로는 매우 요긴한 표시다.

처음 두 표시의 일반적 용도를 알아보자. 기자는 어떤 문장을 뒷받침할 사실이 없을 때 'TK'를 적어 둘 수 있다. 이는 구식 속기 문자로 'to come'(차후 보충)에 해당하는데, 정보를 찾으려고 계속 노력 중이라는 의미다. 'TK'는 실제 단어나 철자가 아니며 인쇄소, 디자이너, 편집자에게 이 기사가 완성되지 않았음을 알리는 구실을 한다. 따라서 기사의 최종 인쇄본에 이 표시가 보여서는 안 된다.

'차후 보충'이라는 말을 매우 느슨하게 받아들이는 기자도 있다. 쉽게 포기해 버리거나 팩트체커가 자신의 주장을 뒷받침할 통계를 찾도록 내버려두고 게으름을 피우기도 한다. 이런 경우 자료를 찾는 일은 당신의 몫이겠지만, 결국 마땅한 자료가 존재하지 않아서 문장을 삭제해야 할 수도 있다(솔직히 이런 조치가 즐거울 때도 있다).

기사에 'CK'라고 표시된 경우도 있다. 'TK'의 오타가 아니라 '확인'(check)하라는 뜻이다. 물론 당신은 이 표시가 있든 없든 항상 모든 사실을 확인해야 한다. 그러나 기자가 특정한 사실에 괄호를 치고 'CK' 표시를 했다면 정말 그런지 확신할 수 없거나 확인 가능한 자료 없이 기억에 의존해 썼다는 뜻이다.

'stet'은 라틴어로 '그대로 두라'는 뜻인데, 수정안을 원래대로 되돌리라는 표시다. 팩트체커가 어떤 사실이 잘못되었다고 판단하여 수정안을 제시하더라도, 편집자는 그럴 필요가 없고 원문이 더 낫다는 판단하에 '스텟' 표시를 할지도 모른다. 이 표시는 실망스러울 수 있으며, 당신이 중요하다고 판단한 내용을 되돌렸다면 더욱 그럴 것이다. 하지만 '스텟' 표시는 당신에게 유리하게 작용할 수도 있다. 당신이 담당한 기사에 이 표시를 한 사람이 누구인지 잘 기록해 두자. 편집자나 기자가 팩트체크에 따른 수정안을 무시하기로 결정한 경우서면 기록을 남겨 놓아야 한다. 차후 발행된 기사에 오류가 있었음이 밝혀질 때 필요할 것이다. 당신이 옳았고 실제로 수정안을 제시했음에도 받아들여지지 않았다는 증거니까.

잘못된 사실은 어디가 어떻게 잘못되었는지 설명하고 최대한 깔끔한 수정안을 제시하자. 때로는 한정사를 집어넣거나 주장을 누그러뜨리기만 해도 문제가 해결된다. 예를 들어 "앞으로 10년 안에 모든 사람은 자기만의 로봇 집사를 갖게 될 것이다"라는 문장과 "앞으로 10년 안에 로봇 집사가 일반화될 것이다"라는 문장은 확실히 다르다. 인쇄 잡지의 경우 원래 문장과 단어 수가 비슷한 수정안을 제시하는 것이 중요하다. 쪽수와 레이아웃 디자인에 따라 단어 수가 제한되기 때문이다. 물론 날짜나 철자처럼 단순한 수정 사항은 설명할 필요 없다.

6단계: 결과 보고

1차 팩트체크가 끝나면 기사의 문제점을 기자나 편집자에게 알려야 한다. 모든 기사에는 잘못된 부분이, 적어도 더 명확하고 부드럽게 고칠 부분이 있게 마련이다. 외교적이고 온화한 태도를 취하자. 기자가 위키피디아 항목을 통째로 갖다 쓰고 팩트체크가 시작되자마자 휴대전화 없이 휴가를 떠났더라도 말이다. 이런 태도가 중요한 이유는 세 가지다. 첫째, 어쩌면 당신이 틀렸을 수도 있다. 기자가 더 확실한 자료를 갖고 있음에도 당신에게 보내는 걸 깜박했을 수도 있고, 그사이 새로운 정보가 속보로 보도되었을 수도 있다. 둘째, 당신이 직접 연락하지 않더라도 당신이 한 말이 기자에게 그대로 전달될 수 있고, 산전수전 다 겪은 기자도 비판은 달게 받아들이지 못할 수 있다. 그는 기사 하나를 쓰기 위해 몇 달씩 때로는 몇 년씩 애쓴다. 그 노력을 존중해야 한다. 게다가 그와 당신이 언젠가 또다시 함께 일할 가능성도 있다. 앞의 두 가지와 연결된 세 번째 이유는, 당신의 손을 거치면 기사가 더 나아진다는 점을 기자와 편집자 모두에게 납득시켜야 하기 때문이다. 그 과정을 대결로 시작하면 일만 더 어려워진다.

출판물 작업에서는 보통 팩트체크 보고서로 수정 사항을 공유하지만, 보고서의 형식은 담당자 재량에 달려 있다. 흔히 쓰이는 방식은 기사 초고를 다른 이름으로 저장하여 새로운 전자 문서를 만드는 것이다. '변경 내용 추적' 기능을 활용하여 당신이 제안한 모든 수정 사항과 삭제한 내용을 표시하고 참고 자료와 추가 설명을 메모나 각주, 미주로 달아 놓자. 단, 기사를 직접 고치려면 그전에 반드시 편집자와 상의하자. 편집자에 따라서는 수정안을 주석이나 메모로 달아 놓거나 아예 따로 수정 사항 문서를 만들어 달라고 요청할 수도 있다.

이와 별도로 당신 자신을 위한 수정 우선순위 목록

을 만들자. 반드시 수정해야 한다고 생각하는 사항부터 적는다. 수정하지 않으면 기사가 부정확해지거나 언론사가 소송을 당할 수도 있는 내용이다. 필수 수정 사항을 모두 적은 다음에는 회색 지대에 해당하는 사항, 즉 읽는 사람과 관점에 따라 다르게 이해할 수 있는 애매한 단어와 표현을 적는다. 기자나 편집자가 '스텟' 표시를 할 수도 있겠지만, 당신이 수정을 제안했다는 기록이 남아 있으니 괜찮다. 마지막으로는 가장 사소한 수정 사항을 적는다. 기자가 음악 양식을 설명하는 방식이라든지 학명이 아니라 속명을 썼다든지 하는 부분이다. 목록에 적을 사항은 신중하게 선택해야 한다. 사실 어떤 문장이든 정확성을 지향하려면 무제한 수정할 수 있다. 당신의 사실 해석, 사실의 경중 그리고 마감일에 맞춰 설득력 있고 읽기 쉬운 기사를 완성해야 하는 현실 사이에서 절충안을 찾아야 한다.

7단계: 단계별 교정지 확인

잡지사의 팩트체커는 최종적으로 조판한 기사를 확인하게 된다. 디자인 팀이 스타일을 지정하고 그래픽, 사진, 서체까지 반영하여 물리적으로 완성된 형태다. 조판한 기사는 최종 팩트체크와 편집 과정에서 수정 사항과 메모를 적을 수 있도록 여백이 넉넉한 초대형 용지에 프린트한다. 이런 종이 사본을 흔히 '교정지'라고 한다. 잡지 기사는 보통 세 번 정도 교정지를 확인한다. 매번 교정지를 정독하며 이전 교정지에서 수정한 사항이 반영되었는지 확인해야 한다. 새로 추가되거나 변경된 내용이 없는지도 꼼꼼히 살펴보자. 편집자들은 기사에 양념을 치려고 흥미롭지만 출처가 분명하지 않은 문장을 슬쩍 끼워 넣곤 한다. 이런 일이 생기면 편집자에게 추가한 내용의 출처가 어디인지, 확인 가능한 자료가 있는지 물어 보자(어차피 기록 보관을 위해 자료가 필요하다는 점을 지적하자). 마지막으로 디자인 팀이 기사 상단과 하단, 가운데 여백(책의 양쪽 페이지가 만나는 부분으로 보통 사진 저작권 등이 표시된다)에 추가한 정보를 확인하자. 잡지 이름, 발행일, 쪽 번호 등일 것이다.

인쇄하지 않고 인터넷으로 발행하는 매체도 있다. 이런 매체의 경우 인쇄된 교정지는 볼 수 없다. 하지만 온라인 매체의 팩트체커도 보통 기사가 게시되기 전에 확인 과정을 거친다. 인쇄된 교정지를 볼 때와 마찬가지로 팩트체크 보고서와 비교하며 합의된 수정안이 적용되었는지 꼼꼼히 읽자. 사진과 도판이 제대로 들어갔는지 확인하고, 편집자나 기자가 팩트체크 이후에 고친 부분이 없는지도 살펴보자.

● 팩트체커처럼 생각하기

좋아하는 잡지나 온라인 출판물에서 기사를 하나 골라 모든 사실을 확인하자. 종이에 작업하는 경우 다양한 펜과 형광펜을 써 보며 당신에게 맞는 것을 찾자. 추가 연습: 사실을 하나하나 찾으면서 오류가 있는지 알아보자(그렇다고 기사에 나온 사람들에게 직접 메일을 보내거나 전화를 걸어서는 안 된다. 혼란을 줄 수도 있으니 직접 대화하지 않아도 알아낼 수 있는 사실만 확인하자).

● 전문가의 조언: 전자 문서로 팩트체크하기

종이로 작업하는 것을 선호하지 않거나 프린터 없이 원격으로 일하는 사람도 있을 것이다. 종이 기반의 팩트체크가 비실용적이고 부적합할 때도 있다. 이런 경우에도 잡지식 팩트체크 절차는 대체로 유효하지만 3단계와 5단계가 크게 달라진다.

조정된 3단계: 사실 표시

기사의 사본 파일을 만들고 이름을 바꾼다. 그런 다음 소프트웨어 도구로 전체 텍스트에 하이라이트나 볼드체를 적용한다.

조정된 5단계: 추적 및 문서화

기사를 읽어 보면서 각각의 사실을 확인하고, 관련된 단어나 문장의 하이라이트나 볼드체를 제거하면 작업한 부분과 아직 남은 부분을 시각적으로 확인할 수 있다. 원한다면 교정지로 작업할 때처럼 이미 확인한 내용에 취소 선을 긋고 각 사실에 관련된 자료를 메모나 각주, 미주로 달아 놓아도 좋다.

오류를 수정해야 하는 경우 '변경 사항 추적'으로 삭제한 내용과 추가한 내용을 표시하고, 필요한 경우 메모나 각주, 미주로 변경 사항을 짧고 정중하게 설명하면서 참고한 자료를 적어 두자. 작업을 다 마치면 이 내용을 팩트체크 보고서로 활용할 수 있다.

신문식

전업 팩트체커는 신문식으로 작업할 일이 드물다. 그래도 이 방식에 관해서 알아 두면 유익하다. 많은 팩트체커(특히 프리랜서)가 언론인이나 편집자로도 일하므로, 이 방식을 사용하는 거래처나 고용주가 생길 수 있다. 기자와 편집자가 어떤 방식을 사용하는지 거듭 물어보고 확인하기를 잊지 말자.

신문식에서는 취재하고 기사를 쓴 기자가 메인 팩트체커가 되고, 편집자와 (존재하는 경우) 교정교열자가 보조 역할을 한다. 이 방식이 성공하려면 담당자 모두가 사실에 유의하면서 기사 초고를 읽어야 한다. 기자는 사실 하나하나를 기사에 넣기 전에 재확인하고 취재원과 출처를 분명히 기록해야 한다. 편집자는 기사를 담당하게 되었을 때부터 최종 교정까지 모든 단계에서 팩트체크를 고려하며 까다로운 질문을 던져야 한다. 특히 과감한 주장을 펴는 기사라면 기자에게 이 정보를 어디서 얻었는지 물어봐야 한다. 설사 기자가 자료를 제시하더라도 그것이 너무 빈약하다면 추가 정보를 요청해야 한다. 교정교열자는 문체와 문법뿐만 아니라 사실도 따져 가며 기사를 읽어야 한다. 잡지식과 달리 신문식에서는 교정교열자가 심층적 팩트체크를 할 시간이 없지만, 그래도 기본적인 통계·장소·철자법 등은 비교적 쉽게 찾아보고 재확인할 수 있다.

자신이 쓴 기사를 재확인하는 데 유난히 공을 들이는 기자도 있다. 『블룸버그 뉴스』의 탐사보도 팀 선임 기자인 제이슨 그로토는 팩트체커들이 하듯 기사의 모든 사실에 밑줄을 긋고 번호를 매긴 다음 스프레드시트에 일렬로 정리한다. 다음 열에는 해당 사실이 맞는지 틀렸는지 표시하고, 틀린 경우 다음 열에 수정한 이유도 적어 둔다. 그는 이 과정을 독학했는데, 자기가 기사 작성을 중단해야 할 경우 동료가 이어받기 쉽게 하고 싶어서였다. "이 일을 시작할 때 그런 생각이 들었어요. 기사가 나간 직후 내가 버스에 치이더라도 누군가 기사에 나온 모든 사실의 출처를 확인할 수 있다면 나를 공격한 범인을 찾아낼 수 있을 거라고요. 매사를 괴상하고 편집증적으로 처리하게 된 거죠." 내 경험에 따르면 많은 기자나 팩트체커가 제대로 기사를 쓰는 일에 집착한다. 기사를 올리기 직전 팩트체크에 관한 악몽을 꾸었다는 이야기도 종종 듣는다.

마지막으로 (그럴 시간을 내기가 어려울 때도 있겠지만) 편집 일정에 반드시 팩트체크를 포함해야 한다. 다시 말해 편집자는 잡지식에서 팩트체크 전담자가 그러듯 기자가 기사를 한 줄 한 줄 읽어 가며 모든 사실과 출처를 확인할 시간을 주어야 한다. 예를 들어 그로토에 따르면 밑줄을 긋고 스프레드시트를 만드는 작업은 최종 편집을 마친 기사로 하는 게 최선인 만큼 편집자와 협의하여 작업 시간을 확보해야 한다고 말한다(프리랜서 기자를 위한 조언: 언론사 내부 일정에 문제가 생기지 않도록 기사 작성 및 편집 단계 **초반**에 편집자에게 별도의 팩트체크 시간을 요청하자).

● **전문가의 조언: 독자 편지 확인하기**
독자의 편지도 잡지에 싣기 전에 팩트체크를 거쳐야 한다. 우선 그 편지가 진짜인지, 서명한 사람이 실제로 편지를 썼는지 확인해야 한다. 편지는 명료성, 지면 크기, 잡지사 고유의 문제 등에 맞춰 편집되곤 하므로 발행 전에 해당

독자에게 보내 문제가 없는지 알아본다. 독자의 이름, 직함, 위치 및 기타 개인 정보도 정확한지 확인한다. 마지막으로 편지에 담긴 정보가 사실인지 검증한다. 편지가 기사의 오류를 지적하는 내용이라면 정말로 그런 오류가 있는지 확인한다. 기사가 정확하고 편지가 잘못된 경우 게재를 취소해야 한다. 잡지에 부정확한 내용을 게재해선 안 될 뿐만 아니라, 해당 언론 매체에 명예훼손 시비가 걸릴 위험이 있다.

혼합식

편집부가 시간과 비용 모두를 절약하기 위해 기사마다 다른 팩트체크 절차를 적용하는 경우다. 예를 들어 긴급한 속보나 예전부터 신뢰를 쌓아 온 취재원이 가져온 정보는 신문식으로 신속하게 전달할 수 있다. 간단한 설명이나 특수기자의 단신, 뉴스 요약처럼 시간과 비용을 들여 깊이 파고들 필요가 없는 기사도 신문식으로 진행할 수 있다. 하지만 같은 언론사에서도 여러 번 편집되느라 오류가 생길 가능성이 높은 복잡한 기사, 장문 기사, 길이와 상관없이 법적으로 민감한 기사, 하나의 주제로 단문부터 인포그래픽, 질의응답까지 다양한 요소를 아우르는 특집 기사는 잡지식으로 진행할 수 있다(프리랜서 팩트체커나 기자를 위한 조언: 거래처가 혼합식 팩트체크를 하는 경우 담당 기사의 팩트체크는 어떤 식으로 진행될 것이며 책임자는 누구인지 분명히 확인해 두자).

기타 매체의 팩트체크

물론 매체에는 잡지나 인터넷 외에도 다양한 종류가 있다. 라디오, 텔레비전, 팟캐스트, 다큐멘터리, 회고록 등의 논픽션 매체뿐만 아니라 심지어 시詩도 팩트체크시 고려할 점들이 있다.

음성과 영상

과거에 음성이나 동영상 매체는 잡지식 팩트체크 대상이 아니었다. 하지만 『디스 아메리칸 라이프』, 『시리얼』, 『라디오랩』 등의 내러티브 라디오 프로그램이나 팟캐스트에서는 팩트체크가 꽤 흔해졌다. 일부 영상 제작 매체도 팩트체크 전담자를 둔다. 과거(때로는 수십 년 전)의 기사와 시간에 따른 변화 양상을 살펴보는 단편 웹 다큐멘터리 제작사 '레트로 리포트'도 이런 매체 중 하나다. 또 다른 예로 내셔널 지오그래픽 채널은 모든 직원 및 프리랜서 프로듀서에게 팩트체크를 요구한다.

　　음성이나 영상 매체에서도 팩트체크의 기본 절차

는 앞에서 살펴본 잡지나 인터넷 기사와 유사하다. 주된 차이는 작업하는 콘텐츠(기사 대신 대본과 음성 및 영상), 함께 일하는 사람들(기자와 편집자 대신 진행자, 리포터, 프로듀서, 편집자), 주어진 시간(종종 지면 기사보다 촉박한 일정) 등이다.

음성과 영상 매체 모두 대본을 바탕으로 작업한다. 구체적인 역할은 다를 수 있지만 대체로 다음과 같이 진행된다. 리포터는 인터뷰 녹음과 음성 녹음을 포함한 모든 원본 자료를 모은다(종종 프로듀서가 이 작업을 감독한다). 그런 다음 프로듀서와 편집자가 음성 녹음을 적당한 순서로 배열하고, 도중에 리포터를 파견해 추가 자료를 확보하기도 한다. 이런 과정을 거쳐 음성 녹음이 대본으로 변환된다. 도입부 및 중간 내레이션은 리포터가 작성하여 본인 혹은 진행자가 녹음한다(프로그램에 따라서는 같은 사람이 여러 역할을 맡기도 한다. 예를 들어 진행자나 프로듀서가 리포터도 겸하는 것이다). 언론사에 따라 편집자 혹은 프로듀서가 최종 대본에 포함될 내용과 변경할 내용을 결정한다.

팩트체커는 대체로 거의 완성된 대본을 받게 된다. 잡지식에서와 마찬가지로 리포터 혹은 프로듀서는 원본 자료를 팩트체커에게 넘겨야 하며, 팩트체크 절차도 똑같이 진행되어야 한다. 다만 대본과 편집된 음성 및 영상은 종종 방송되기 한 시간 전에도 변경될 수 있다. 따라서 팩트체커는 동료 담당자들과 긴밀히 협력하여 작업물이 실제로 방송될 때까지 계속 변경 사항을 추적해야 한다.

대본의 팩트체크 절차는 서면 기사와 대체로 비슷하지만, 음성으로 넘어가면 또 다른 양상과 고유한 문제가 추가된다. 예를 들어 서면 기사에서는 기자가 주의 사항부터 출처 링크까지 다양한 단서를 마음대로 붙일 수 있다. 음성 매체는 좀 더 까다로울 수 있는데,『드릴드』와『디스 랜드』등의 탐사 내러티브 팟캐스트를 제작하는 독립 언론인 우단 얀에 따르면 "대부분 한 인물이 등장하여 일련의 사건을 서술하는 형태이기 때문이다. 그들의 기억이 부정확하거나 그들이 믿을 수 없는 화자라고 암시하는 것도 가능하므로, 탐사 보도에서와 같은 방식으로 제3자 입장에 서야 한다." 내레이터가 중요한 멘트 중간에 말실수를 하는 경우, 흐름을 망치지 않으면서 최종 녹음에서 이를 수정할 길을 찾기가 어려울 수 있다.

언론인은 음성으로 보도하든 텍스트로 보도하든 정확한 내용을 전달하려고 최선을 다한다. 하지만 팟캐스트와 라디오에서는 음성 매체의 한계로 인해 이야기의 흐름을 우선시하느라 사소한 사실 오류를 간과하기 쉽다. 방송에서 그럴싸한 이야기를 들려주려고 일부러 사실을 틀리게 전달한다는 것은 아니다. 하지만 청취자에게 일관성 있고 흥미진진한 들을 거리를 제공하면서 사소한 사실 오류를 짚어 낼 방법이 없거나, 원본 음성을 재녹음할 방법이 없어서 그런 부분을 그대로 두게 되는 경우도 있다. 예를 들어 취재원이 다른 사람의 말을 인용하면서 큰 맥락에서 중요하지 않은 부분 하나를 잘못 말했는데, 해당 인용문이 콘텐츠의 핵심인 경우를 생각해 보자. 또는 취재원이 사소한 통계를 몇 퍼센트 잘못 인용했거나, 중요도가 낮은 이야기를 전달하는 과정에서 실제로는 수요일에 일어난 사건을 화요일로 말했다고 가정해 보자. 그리고 팩트체커가 믹싱과 편집의 마지막 단계에야 이런 말실수를 발견했다고 가정해 보자. 서면 기사라면 인용문의 일부 또는 전부를 바꿔 쓰거나 인터뷰의 다른 부분을 인용하는 등 더 쉬운 해결책이 있겠지만, 음성 녹음은 그러기 어려울 때가 있다. 담당자들은 함께 인용문의 중요성과 오류의 심각성을 저울질해야 한다. 퍼센티지나 요일의 차이가 이야기에 큰 영향을 미치는 경우, 진행자는 이야기의 흐름이 깨지는 것을 감수하고 간단한 부연 설명을 녹음하여 추가할 수 있다. 아니면 담당자들이 인터뷰 상대를 다시 스튜디오로 초청하여 재녹음할 수도 있다. 하지만 아무래도 상관없는 사소한 오류거나 재녹음이 도저히 불가능한 경우에는 인용문을 그대로 쓰게 된다.

영상은 음성과 시각 요소를 모두 포함하는 만큼 팩트체크 작업도 복잡해진다. 팩트체커는 각각의 이미지가 정확한지 재확인할 뿐만 아니라 텔레비전 방송이나 다큐멘터리 화면에 뜨는 사진과 숫자가 앵커의 음성이나 내레이션과 맞아떨어지는지도 살펴야 한다. 논지를 강조하기 위해 사용된 다른 음성이나 영상 자료에도 유의하자. 맥락에서 벗어난 문장이나 장면이 인용되지는 않았는가? 팩트체커는 원본 자료를 찾아서 전체 내용을, 아니면 최소한 인용된 곳 전후의 상당 부분을 시청하여 자료가 제대로 사용되었는지 확인해야 한다.

마지막으로 다큐멘터리 제작자가 저널리스트인지, 이야기꾼인지, 양쪽 다인지에 관해서는 당사자들도 의견이 엇갈린다는 점을 기억하자. 오디오나 비디오 다큐멘터리는 일반 뉴스 기사나 보도 자료와 전혀 다르며, 팩트체커는 제작자의 관점 및 목표와 현실 사이에서 균형을 맞춰야 한다. 2015년 HBO에서 방영된 화제의 다큐멘터리 시리즈 『징크스』는 2000년에 친구인 수전 버먼을 살해한 혐의로 기소된 뉴욕의 부동산 상속인 로버트 더스트의 실화를 다룬다(버먼은 더스트가 아내 캐슬린을 살해한 혐의를 받았던 1982년에 그의 알리바이를 제공한 바 있다). 에미상 두 부문과 피보디상 등 여러 상을 수상한 이 다큐멘터리는 섬뜩할 정도로 설득력이 있었지만, 최종화가 방영된 후(더스트가 구속된 다음 날이었다) 비평가들은 이 시리즈에서 제시한 사건 순서와 정보에 의문을 던지기 시작했다. 더 극적인 이야기를 연출하기 위해 특정 세부 사항을 빠뜨리거나 바꿔치기한 것 같다고 말이다. 예를 들어 『징크스』는 더스트가 화장실에 가면서 혼잣말을 중얼거리는 장면으로 끝난다. 그는 마이크가 켜져 있다는 걸 모르는 듯 독백조로 이렇게 중얼거린다. "내가 대체 무슨 짓을 한 거지? 맞아, 다 죽여 버렸지." 하지만 나중에 밝혀진 사실에 따르면 이 영상은 조작된 것이었다. 편집자들이 더 긴 녹음에서 음성을 추출해 집어넣은 것이다. 2019년 더스트의 변호사들은 이 조작 사실을 살인죄 재판에서 언급할 계획이라고 밝혔지만, 이 전략은 효과가 없었던 듯하다. 2021년 9월 더스트는 버먼 살인 혐의로 유죄 판결을 받았고, 6주 후에는 아내 살인 혐의로 기소되었다(변호사에 따르면 더스트는 재판을 기다리던 2022년 초 자연사했다).

● **팩트체커처럼 생각하기**

야간 뉴스 방송을 시청하면서 앵커가 말하는 단어가 지도, 사진, 텍스트 상자, 화면 하단에 작은 글씨로 표시되는 정보 등의 그래픽 요소와 어떻게 연결되는지 살펴보자. 그래픽과 음성 보도가 일치하지 않는 순간을 포착할 수 있는가? 당신이 팩트체커였다면 어떤 수정안을 제시하겠는가?

책

논픽션

유명한 저자들도 종종 민망한 실수를 저질러 언론의 뭇매를 맞곤 한다. 2019년은 이런 실수가 유난히 두드러진 해였다. 『뉴욕 타임스』 전 편집장 질 에이브럼슨은 현대 뉴스 업계에 관한 저서 『진실의 상인』의 표절과 오류로 비난받았다. 퓰리처상 수상 작가 제레드 다이아몬드의 『대변동』에 대해서도 비판이 쏟아졌다. 한 비평가는 이렇게 썼다. "책을 펼친 지 얼마 안 되어 오류 한 개를 발견했고, 그 수는 금세 열 개로 늘어났다. 잠시 후에는 더욱 심각한 오류가 눈에 띄었다. 일반화, 맹점, 간과를 비롯해 이 책이 출간될 수 있었다는 것 자체가 의아해지는 오류들이었다." 작가 나오미 울프가 빅토리아 시대의 동성애 범죄화를 다룬 『분노』Outrages의 경우, 중요한 사료를 잘못 해석해서 첫 단추부터 잘못 끼운 책이라는 BBC 인터뷰어의 폭로가 있었다(2021년에 나온 이 책의 개정판도 비난을 받았으며, 같은 해에는 코로나 백신에 관해 잘못된 정보를 게시한 혐의로 울프의 트위터 계정이 정지되기도 했다).

대부분의 논픽션 단행본 출판사에 공식 팩트체크 절차가 없다는 걸 알면 놀라는 독자가 많을 것이다. 원고에서 명예훼손 가능성이 있는 내용을 찾기 위해 변호사를 고용하는 출판사가 있긴 하지만, 그 외에 원고 내용이 정확한지 확인하는 것은 저자의 몫이다. 출판사에 따라 상황이 다를 수도 있겠지만, 작가이자 연구자인 에밀리 크리거에 따르면 "이 문제에 관해서는 거대 출판사들을 압박할 필요가 있습니다. 그들이 팩트체크 예산을 책정하지 않으려 하니 쉽지는 않겠지만요. 지금으로서는 저자가 비용을 지불해야 합니다." 크리거는 팩트체크가 단행본 출판의 필수 과정이 된다면 편집 등의 다른 과정과 마찬가지로 그 비용을 출판사가 부담하게 만들 수 있다고 덧붙인다.

출판계의 지원이 확대되지 않는다면 팩트체크는 계속 저자 혼자만의 책임이 될 것이다. 팩트체크를 완전히 생략해 버리는 저자도 있다. 직접 팩트체커를 고용하거나, 스스로 가능한 만큼 팩트체크를 하거나, 두 가지 방법을 병행하여 원고의 특정 부분만 팩트체커에게 맡기는 저자도 있다. 팩트체크 전담자를 고용하지 못하는 경우는 대부분 재정 부담 때문이다. 보통은 선인세만으로는 부족해서 저자가 사비를 보태야 팩트체크 비용을 지불할 수 있다. 여기서 당신이 훌륭한 단행본의 팩트체크를 전담하게 되었다고 가정해 보자. 전체 원고는 8만~10만 단어나 그 이상일 수 있다. 가장 두꺼운 잡지 특집호와 비교해도 수십 배에 달하는 분량이다. 어디서부터 시작해야 할까?

　데이비드 쾀멘『인수공통 모든 전염병의 열쇠』등 호평받은 인기 과학서의 팩트체커였던 크리거는 작업을 시작하기 전에 목적, 시간, 예산 등을 저자와 상의해야 한다고 말한다. 서적 팩트체크는 대부분 외주로 진행되는 만큼 사전에 시간당 작업비와 예상 기간을 정해 두는 편이 좋다. 그러면 각별히 유의할 부분이나 사실 유형을 파악하는 데도 도움이 될 것이며, 당신이 보낸 청구서에 저자가 경악할 일도 없어질 것이다.

　사전 상의 단계에서 당신이 어떤 연구 자료를 이용할 수 있는지, 원고에 주석이 달려 있는지도 물어봐야 한다(원고 견본을 보여 달라고 요청하자). 주석이나 이용 가능한 연구 자료가 없다면 작업이 훨씬 더 힘들어지고 시간도 오래 걸리며 저자가 지불할 비용도 커질 수 있다.

　작업을 실제로 진행하는 경우, 집필 초기 단계에는 원고를 통으로 받는 대신 쪼개어(예를 들어 한 번에 한 장章씩) 받을 수 있다. 그리고 당신에게 주어지는 작업 시간은 전적으로 저자와 출판사가 합의한 마감일에 달려 있다. 원고를 어떤 식으로 전달받든 간에 책 한 권을

한 번에 검토하는 것이 아니라 토막토막 보는 것으로 생각해야 한다. 한 번에 한 장씩 작업하고 잡지식 팩트체크 절차를 따르되, 저자가 요청한 부분이나 사실 유형만 확인해야 한다는 점에 유의한다(저자의 요청 사항은 전체 내용부터 숫자나 철자법 등 간단한 사실까지 다양할 수 있다).

책에 나오는 인물이나 저자가 취재했지만 구체적으로 언급하지 않은 전문가를 인터뷰해야 하는데 아직 전체 원고를 받지 못했다면, 저자에게 해당 인물과 관련된 내용이 여러 장에 걸쳐 있는지 물어 보자. 만약 그렇다고 하면 관련된 장을 모두 살펴보고 나서 팩트체크 인터뷰를 요청하는 것이 좋다.

작업 과정에서 정기적으로 저자에게 작업 시간을 보고하고 필요에 따라 작업비와 예상 시간을 조정한다(시간당 팩트체크 작업비에 관해서는 144쪽 참조). 작업이 끝나면 잡지식과 마찬가지로 팩트체크 보고서를 작성한다.

● 팩트체커처럼 생각하기

논픽션 책을 읽으면서 임의로 한 페이지를 골라 검증 가능한 모든 사실에 밑줄을 긋고 각 사실을 확인할 자료 목록을 작성하자. 추가 연습: 다음 단계로 넘어가 실제로 팩트체크를 해 보자(다만 글에 나오는 인물에게 연락을 취해서는 안 된다). 오류를 발견했는가?

회고록

논픽션 서적이 대부분 팩트체크를 거치지 않는 한편, 회고록은 팩트체크와는 전혀 관계없는 장르처럼 보인다. 회고록은 기억을 바탕으로 자기 삶을 이야기하는 자전적 기록이니 말이다. 하지만 팩트체커의 관점에서 볼 때 회고록은 자칫 위험할 수 있는 장르다. 인간의 기억은 신경학적 한계가 있을 뿐만 아니라 자신에 대해 명백히 편향된 관점을 취하기에 오류가 생길 수밖에 없다.

이를 감안하더라도 지나치게 부정확한 회고록은 작가나 출판사를 곤경에 빠뜨릴 수 있다. 2003년 출간된 『백만 개의 작은 조각』A Million Little Pieces의 저자 제임스 프레이에게 물어보라. 프레이는 이 책이 자신의 약물

중독과 재활에 관한 실화라고 홍보했다. 이 책은 부분적으로는 오프라 윈프리의 극찬 덕분에 베스트셀러가 되었다. 하지만 웹사이트 '스모킹 건'에서 장기간 조사한 결과 프레이가 경찰 기록을 포함해 대부분의 내용을 날조한 것으로 밝혀졌다.

당신이 회고록 팩트체커로 고용될 가능성은 매우 낮을 것이다. 하지만 만약에 그럴 기회가 생긴다면 우선 출판사의 목적부터 물어보아야 한다. 이름, 날짜, 사건 순서와 같은 간단한 사실이 저자의 기억과 일치하는지 확인해야 하는가? 아니면 경찰 보고서와 졸업 기록을 재확인하거나 친구나 가족과 이야기하여 그들의 기억과 저자의 기억이 일치하는지 확인하는 등 더욱 상세한 접근이 필요한가? 아니면 저자가 가족이나 친구에 관해 부정확하게 서술하여 발생할 수 있는 명예훼손 가능성이 문제인가?

픽션

픽션은 더욱 까다로운 영역이다. 일반적으로 픽션에는 사실성이 기대되지 않는다. 소설이나 영화의 첫 장면에서 흔히 볼 수 있는 다음의 공지 문구만 봐도 그렇다. "이 작품은 허구다. 이름, 인물, 장소 및 사건은 작가가 상상하거나 지어낸 것이며, 실제 사건이나 지역 또는 인물과 유사한 점은 전적으로 우연의 일치다." 그럼에도 불구하고 여러 걸작 픽션이 현실 세계 또는 적어도 현실성 있는 세계에 기초하는 만큼, 특정 세부 사항이 정확한지 확인하는 일은 작품의 토대를 보강하는 데 도움이 될 수 있다.

픽션이 정식으로 팩트체크를 받는 경우는 드물지만, 편집자나 교정교열자에 따라서 작가가 구축하려는 세계에 부합하지 않는 부정확한 내용을 지적할 수 있다. 예를 들어 이야기가 전개되는 시점에 존재하지 않았던 기술을 언급하는 등의 시대착오적 오류가 있다. 해당 작품이 SF 소설이라면 작가가 일부러 그랬을 수도 있지만 역사소설이라면 실수일 가능성이 크다. 작가가 실존하는 랜드마크를 도시 반대편에 배치하거나 실제 정치인의 이름을 잘못 표기할 수도 있다. 어쨌든 훌륭한 편집자나 교정교열자는 이런 불일치를 지적하여 가상 세계가 최대한 정확한 세부 사항들로 풍요로워지게 도울 것이다.

리뷰, 비평, 칼럼, 논평

리뷰와 비평은 책, 영화, 음반, 연극, 전시에 이르기까지 모든 것을 다룰 수 있다. 팩트체커는 리뷰 대상인 책을 읽고, 영화를 보고, 음반을 듣고, 연극과 전시를 관람하는(다른 지역인 경우 기획자와 전화로 이야기할 수도 있다) 등 직접 조사해야 한다. 가장 중요한 부분은 리뷰어가 언급한 세부 사항이 정확한지 확인하는 것이다. 나머지 부분은 리뷰어의 전문성을 바탕으로 한 사견일 가능성이 높다. 그러한 사견이 언론사에서 해당 인물에게 리뷰를 요청한 이유일 것이다. 이렇게 주관적인 부분을 팩트체크하기는 어렵겠지만, 당신이 보고 들은 사실과 명확히 불일치하는 주장이 있다면 편집자에게 귀띔해 주도록 하자.

칼럼은 매체에 따라 다르지만 일반적으로 독자에게 새로운 것을 알려 주는 한편 기자 자신의 견해와 감정을 담아 낸 글이다. 칼럼에 포함된 사실은 정확해야 하지만, 칼럼니스트가 이런 사실로부터 도출하는 결론은 팩트체커가 통제하기 어려운 부분이다. 가능한 모든 사실을 확인하고, 특히 소송이 제기될 만큼 터무니없는 의견이나 주장이 있다면 편집자에게 미리 알려 주자.

보다 전통적인 논평의 요점은 논지나 주장을 밝힌 다음 사실과 기타 자료를 제시하여 독자가 동의하도록 설득하는 것이다. 논평은 인쇄물이나 온라인 매체에 에세이나 사설로 게재되거나 라디오, TV, 인터넷 방송에서 낭독될 수 있다. 진행자와 출연자가 다양한 주제를 논하는 인터뷰 팟캐스트의 기반이 될 수도 있다. 작성자(방송의 경우 진행자나 출연자)는 사실적 근거가 존재하는 한 어떤 주장이든 제시할 수 있다. 팩트체커는 해당 논평이 진실을 왜곡하거나 연구 결과를 잘못 해석하지 않았는지, 지나치게 편향적으로 자료를 고르거나 대놓고 거짓말을 하지 않았는지 확인해야 한다. 만약 그렇다면 해당 논평은 공개되지 말아야 한다. 『뉴욕 타임스』의 오피니언 팟캐스트 팩트체커인 미셸 해리스에 따르면 "사람들은 누구나 의견을 가질 수 있습니다. 하지만 사실이라는 기본 틀이 결여된 의견을 언론에 내보낼 수는 없습니다."

기타

팩트체크는 거의 모든 매체에 적용될 수 있다. 모든 글, 다양한 뉴스나 책뿐만 아니라 시, 광고, 만화에서도 재확인 가능한 내용을 찾아낼 수 있다. 팩트체커가 이처럼 특이한 매체를 맡게 되는 일은 드물지만, 필요하다면 어떤 매체든 그에 맞춰 팩트체크 절차를 조정할 수 있다. 예를 들어 시詩는 실제로 일어난 사건을 언급할 수 있으며, 사실 오류가 있는 경우 시인이 주제를 전달하기 위해 일부러 정보를 왜곡했는지 아니면 진짜 실수인지 확인해야 한다. 광고, 특히 약품처럼 건강이나 의료와 관련된 주장을 하는 제품 광고에 대해서는 회사 내의 팩트체커가 근거 연구를 면밀히 검토할 필요가 있다. 예를 들어 특정 브랜드의 제품이 과학적으로 주름을 펴 준다고 주장하려면 과학적 증거를 제시해야 하며, 안 그랬다가는 허위 광고를 규제하는 연방거래위원회의 주목을 끌 위험이 있다.

만화의 경우 『뉴요커』 전속 작가이자 해당 잡지의 팩트체크 부팀장 및 '뉴요커닷컴'의 팩트체크 책임자를 역임한 캐럴라인 코먼의 조언이 유용할 것이다. 코먼은 다음과 같이 자문해 보라고 말한다. 만화에 표현된 유머가 이해되는가? 단어의 철자와 의미(특히 외국어가 포함된 경우)가 올바른가? 특정 동물이나 인물 묘사가 정확한가(슈퍼맨의 'S'가 제대로 그려졌는가)? 장소에 대한 설명이 현실과 부합하는가(남반구에만 서식하는 펭귄이 북극에 그려지지 않았는가)? 모든 로고와 마스코트가 제대로 묘사되었는가? 의복의 디테일이 적절하게 그려졌는가(남성복과 여성복의 단추 위치 차이가 올바르게 반영되었는가)?

코먼은 『뉴요커』에서 겪은 사례를 들려준다. 해리 블리스가 영화 『샤이닝』의 "자니가 왔다!" 장면에서 잭 니콜슨의 도끼를 희고 포슬포슬한 민들레 홀씨로 바꾼 만화를 그렸다. 영화에서 니콜슨의 아내였던 셸리 듀발은 칼 대신 티슈 상자를 들고 있으며, 만화 아래에는 "꽃가루가 왔다!"라는 문구가 적혀 있다. 하지만 민들레 홀씨에는 꽃가루가 없다는 게 문제였다. 블리스는 홀씨 대신 민들레꽃을 넣어 만화를 다시 그려야 했다.

● **팩트체커처럼 생각하기**

지금 감상 중인 매체(소설, 팟캐스트, 혹은 TV 다큐멘터리도 좋다)의 일부(책 한 페이지, 혹은 오디오나 비디오의 1분 분량)를 읽거나 듣거나 보면서 확인 가능한 사실 목록을 만들어 보자. 추가 연습: 각각의 사실에 관해 조사하고 오류가 있는지 찾아보자(해당 매체에 나오는 사람들에게 전화나 메일로 연락해서는 안 된다).

편집자, 기자, 프로듀서와의 관계

팩트체크 절차를 아는 것은 업무의 일부일 뿐이다. 설사 당신이 잠자면서도 작업을 할 수 있는 팩트체크 전문가더라도 편집자, 기자, 프로듀서 등 협업해야 하는 사람들과 관계 맺는 방법을 모른다면 결코 팩트체커로서 성장할 수 없다.

많은 관계에서 그렇듯이 외교적인 태도가 중요하다. 기사에 잘못된 사실을 집어넣은 기자나 편집자에게 불만이 있더라도 작업을 완수하려면 침착하게 대처하는 편이 유익하다. 설사 그들이 당신의 지적을 무시하더라도 당신이 지적했다는 사실이 중요하다. 나중에 기사가 틀렸다는 게 밝혀질 경우 그 사실을 증명할 수 있도록 그들과 주고받은 대화를 종이나 전자 문서, 또는 양쪽 모두 잘 기록해 두자.

기자(오디오 및 비디오 매체의 경우 리포터와 프로듀서)는 다른 누구보다 기사에 애착을 느낄 가능성이 높으며 기사를 수정하길 거부할 수도 있다. 이들에게 정중하게 접근하자. 기사가 마음에 들었다고 말하고(실제로는 마음에 들지 않더라도 뭐든 듣기 좋은 말을 해 주자), 무뚝뚝하게 오류를 지적하기보다는 상충하는 내용의 자료를 찾았다고 말하면서 혹시 기사를 뒷받침하는 다른 자료가 있는지 물어보자. 『와이어드』 운영자였으며 『스포츠 일러스트레이티드』에서 팩트체커로 일했던 마크 매클러스키는 이렇게 말한다. "팩트체커는 기사의 흠집을 잡으려 들기 쉽죠. 바로 그게 우리 일이기도 하고요. 하지만 중요한 건 그들의 글을 최대한 좋아 보이게 만들어야 한다는 거예요. 저명한 기자와 술래잡기를 할 게 아니라요."

　친절하고 싹싹한 태도를 취해야 하지만, 일단 실수를 발견했다면 담당자들에게 분명히 지적해도 된다. 그러려면 명료하고 자료가 잘 갖춰진 팩트체크 보고서를 작성해야 한다. 팩트체크를 통해 기사가 어떻게 개선되었는지 담당자들에게 보여 주는 것이 중요하다. 특별히 당혹스럽거나 소송이 제기될 수도 있었던 실수에서 그들을 구해 낸 경우라면 더욱 그렇다. 기술과 문화를 다루는 출판물 『레스트 오브 월드』의 팩트체크 절차 구축을 거든 언론인 테켄드라 파머는 언론사 경영진에게도 팩트체크에 관해 알려 주면 그 가치를 실감하게 되어 유익하다고 말한다. "내 팩트체크 팀의 작업을 공유하고 그들이 작품을 얼마나 개선했는지 보여 주는 것이 중요했습니다. 그것이 바로 팩트체크가 필요한 이유니까요."

● **전문가의 조언: 팩트체커와 협업하려는 기자·프로듀서에게**

다른 사람이 자신의 작업을 재확인한다고 하면 불안할 수 있고 상황에 따라서는 성가실 수도 있지만, 그렇다고 사고방식이나 관점까지 바꿀 필요는 없다. 팩트체커를 당신의 실수를 잡아내는 사람이 아니라 정확하고 공정하며 설득력 있는 기사를 게재한다는 동일한 목표 아래 협업하는 동료로 생각하자. 팩트체커는 당신이 실수하지 않게 돕는 존재다. 이런 안전망 없이 일하는 언론인도 많다는 걸 생각하면 팩트체크 절차가 고맙게 느껴질 것이다.

팩트체크를 최대한 원활하게 진행하려면, 메모와 원본 자료를 준비해 두고 팩트체커가 보기 쉽게 기사에 명확한 주석을 달자. 팩트체크 결과 잠재적 오류가 발견되면 싹싹한 자세로 수정 여부와 그 방법을 의논하자. 당신과 팩트체커는 한 팀임을 명심하자.

● 전문가의 조언: 팩트체커와 협업하려는 편집자에게

그렇게 느껴지지 않을 때도 있겠지만, 편집자인 당신이 총 책임자라는 사실을 잊지 말자. 팩트체크가 원활하게 이루어지도록 편집자의 권한을 현명하게 사용하자.

1. 담당자들에게 해당 매체의 기사 편집 과정이 어떻게 진행되는지 미리 알리자. 팩트체커는 어느 시점에서 팩트체크를 해야 할지 알아야 하며, 기자에게도 팩트체크가 진행될 방식과 시점을 알려 주면 유익할 것이다.

2. 팩트체커가 해야 할 일을 명확히 지시하자. 팩트체커가 인용문을 녹취 파일이나 원고, 아니면 다른 자료와 대조해 주길 바라는가?

3. 당신이 팩트체커를 존중하며 다른 담당자들도 그래야 한다고 알린다. 담당자들이 팩트체크를 진지하게 여기지 않거나 기자가 선을 넘는데도 묵인하면 절차가 엉망이 된다.

4. 기사 수정 사항을 논의하는 자리에서는 팩트체커와 기자 모두에게 상냥하게 대하자. 누군가 (필연적으로) 실수하더라도 매몰차게 굴면 안 된다. 언젠가는 당신이 실수를 저지를 수도 있으니까.

5. 기사가 팩트체크 단계에 가기 전까지 당신이 어떻게 기여할 수 있을지 고민하자. 담당할 기사의 초고를 매

번 꼼꼼히 읽고, 뭔가 이상하거나 기자의 주장에 근거가 모자라다 싶으면 더 정확한 자료를 준비하도록 요청하자.

6. 팩트체크 팀을 감독할 직원을 지정하여 절차가 효율적으로 진행될 수 있게 하자.

수정이 필요하다고 생각되면 제시할 수정안을 준비하자. 기자와 상의할 필요가 있다면 그렇게 하되, 충돌을 피할 수 없을 것 같으면 최종 책임자인 편집자에게 알리자.

편집자는 모든 기사가 정확하기를 바라겠지만, 그와 함께 게재될 다른 기사들이나 다음 달에 나올 잡지, 내일 게시될 웹 기사, 다음 달 공개될 팟캐스트 에피소드의 초안 등을 동시에 진행해야 한다. 음성 및 영상 매체의 프로듀서와 편집자도 비슷하게 바쁠 것이다. 사소한 문제를 발견할 때마다 그들을 찾아가기보다는 최대한 많은 부분을 검토하고 해결해야 할 문제 목록을 만든 다음 그들과 만날 시간을 정하자. 그리고 거듭 말하지만 문제를 발견했다면 그 문제를 해결할 방안을 제시하자 (새로운 내용을 추가하려면 잡지 지면이나 비디오 또는 라디오 프로그램 시간에 맞추도록 유의하자). 중요한 취재원이 협조를 거부하거나 표절의 증거가 발견되는 등 심각한 문제가 발생하면 가능한 한 빨리 윗사람에게 알리자.

● **팩트체커처럼 생각하기**

친구나 가족과 특정한 사실(의료 제도 혹은 즐겨 보는 TV 프로그램의 전날 밤 내용 등)로 토론할 때 침착하고 수완 있게 당신의 논지에 대한 증거를 제시하여 상대가 의견을 바꾸도록 설득해 보자. (미리 경고해 두지만, 연구 결과에 따르면 타인을 설득하는 일은 확실한 경험 증거가 있는 경우에도 매우 어렵다. 그렇다 해도 직장에서의 말투와 태도를 개선하는 데 좋은 연습이 될 것이다.)

저예산 팩트체크

까놓고 말해서 팩트체크는 따분한 작업이다. 시간이 걸리고 돈과 인력이 소모된다. 거래처에 따라서는 기사를 색색깔로 표시해 가며 여러 번 읽거나 모든 사실에 대한 원본 자료를 찾을 여건이 안 될 수도 있다. 이런 조건 아래에서 팩트체크를 요청받으면 어떻게 해야 할까?

다음 방법이 최선은 아니겠지만 아무것도 안 하는 것보다는 낫다. 기사 사본을 인쇄한 다음 펜을 들고 두 가지 유형의 사실을 표시하자. 첫 번째는 심각한 법적 문제가 발생할 수 있는 사실이고, 두 번째는 심각성이 가장 낮고 놓치기 쉽지만 재확인하기도 쉬운 고유명사, 특이한 철자법, 장소, 가격, 날짜 등 기본적인 사실이다 (기사를 인쇄하지 않는다면 전자 문서에서 이런 부분이나 단어에 표시하는 식으로 동일한 작업을 수행하자).

논란의 여지가 있는 부분은 기자가 제공한 자료를 바탕으로 확인해야 하지만, 변호사와 상담해야 할지 여부는 편집자와 의논해야 할 수도 있다. 변호사의 도움을 받을 수 없고 기자가 제공한 자료로는 정보를 확인할 수 없는 경우 다음 방법들을 고려하자. (1) 적당한 자료를 찾아서 확인할 때까지 기사 게재를 보류해 달라고 요청한다. (2) 소송을 피할 수 있도록 표현을 완곡하게 수정한다. (3) 가장 과감한 주장을 삭제한다. (4) 기사 게재를 막는다. 편집자가 당신의 제안을 거부하더라도 당신 입장에서는 최대한 문제를 제기하려고 노력한 것이다. 누가 언제 어떤 결정을 내렸는지 서면으로 기록해 두는 것을 잊지 말자.

철자법이나 가격처럼 단순한 사실에 대해서는 앞에서 설명한 팩트체크 절차를 따르자. 실제 사람보다는 온라인 자료에 더 많이 의존해야 할 수도 있지만(홍보 담당자에게 연락하는 대신 웹사이트로 제품 가격을 확인한다든지), 최소한 인물이나 제품에 관한 공식 정보를 찾아서 확인해야 한다.

● **팩트체커처럼 생각하기**
짧은 블로그 게시물이나 기사에서 확인해야 할 모든 사실을 표시한 다음, 딱 10분 동안 가장 중요한 것들만 확인해 보자. 오류를 발견했는가? 만약 그렇다면 기자가 기사

에 쓸 자료를 찾는 과정에서 어떤 실수를 했다고 생각하는가?

내 글 팩트체크하기

블로거, 뉴스레터 작성자, 논픽션 작가 등은 팩트체커나 리서치 데스크와 협업할 일이 없다. 이들은 어떻게 자신의 글을 꼼꼼히 팩트체크할 수 있을까?

셀프 팩트체크는 쉽지 않다. 많은 팩트체커들은 그것이 불가능하거나 없어져야 할 관행이라고 말한다. 팩트체커는 외부자의 눈으로 기사를 보며 기자가 흥미로운 글을 쓰려고 집어넣은 논리적 비약을 잡아낸다. 반면 기자 혼자서 팩트체크를 하려면 자신의 억측과 맹점이 가득한 관점을 벗어날 길이 없다.

하지만 팩트체크 전담자가 없거나 시간과 비용 문제로 외주 인력조차 쓰지 않는 언론사가 많다. 이런 경우 팩트체크를 하려면 최대한 자신의 글에서 거리를 두어야 한다. 『블룸버그』의 제이슨 그로토는 무엇보다도 성급하게 굴지 않는 것이 중요하다고 말한다. "기사를 완성하려다 보면 조바심이 나서 허둥대기 쉽습니다. 여유를 가지고 자기가 쓴 내용에 집중하며 산만해지지 않게 노력하는 것이 중요합니다." 항상 마감일을 여유 있게 잡고, 편집자에게 보내기 전에(편집자 없이 일하는 경우 글이 게시되기 전에) 글에서 한 발짝 물러나 살펴보는 시간을 갖자. 이상적으로는 마감일까지 며칠, 가능하다면 몇 주 여유를 두는 게 좋지만 현실적으로는 (특히 온라인 게시물의 경우) 한두 시간밖에 확보하지 못할수도 있다. 시간 여유가 허락하는 한 최대한 오래 기사를 덮어 두었다가 새로운 시각으로 다시 읽어 보자. 당신의 취재원이나 주장을 불신하는 비판적인 팩트체커, 혹은 시빗거리를 찾는 적대적 독자의 입장에서 읽도록하자. 시간이 있다면 기사 사본을 인쇄하여 최대한 객관적으로 팩트체크를 진행하자. 글을 쓸 때부터 나중에 다시 찾아보기 쉽도록 자료와 출처를 체계적으로 정리하자(기사에 주석을 달아서 웹사이트 링크, 취재원 이름, 논문 제목 등을 적어 두는 기자도 있고, 스크리브너 등 자료 정리와 추적을 돕는 소프트웨어를 쓰는 기자도 있다).

● **셀프 팩트체크 비법**

- 기사를 새로운 눈으로 읽을 수 있겠다 싶을 때까지 들여다보지 말고 덮어 두자.
- 기사의 서체를 바꾸어 처음 읽는 글처럼 느껴지게 하자.
- 기사를 다른 관점에서 볼 수 있도록 프린트하여 책상이 아닌 다른 곳에서 읽어 보자.
- 회의적인 독자나 화가 많은 댓글 작성자의 눈으로 기사를 읽자. 그들이라면 당신의 글에서 어떤 실수를 잡아낼까?
- 취재원의 관점에서 기사를 읽어 보자. 남들의 기분을 맞추려고 기사 내용을 바꾸면 안 되겠지만, 관점을 바꾸면 미처 몰랐던 실수를 발견할 수도 있다.
- 마지막 문장부터 거꾸로 읽어 가며 팩트체크를 해 보자. 이야기의 흐름을 쫓아가느라 놓친 사실을 발견할 수도 있다.

팩트체크를 할 때는 기사에 활용한 자료도 검토해야 한다. 출처는 확실한가? 증거가 빈약해 보이는 사실이 있는가? 논란의 여지나 소송 가능성이 있는 사실은? 만약 그렇다면 해당 내용을 확인해 줄 추가 자료를 찾아보자.

　또 다른 팩트체크 방법은 기사 전체를 전문가에게 확인받는 것이다. 기사에 언급되지 않으면서 해당 분야를 잘 알고 기사가 어떤 반응을 얻든 상관없을 인물을 찾아야 한다. 정기적으로 연락하고 신뢰할 수 있는 취재원 네트워크를 구축했다면 적당한 인물을 찾기 쉬울 것이다. 외부 취재원 확보는 팩트체크와 다르며 팩트체크를 대신할 수 없지만, 기사의 잠재적 허점과 의심스러운 주장을 짚어 내는 데 도움이 될 것이다. (주의사항: 기사 외부 유출이 금지된 언론사도 있으니 함께 작업하는 편집자가 있다면 외부에 기사 사본을 보내도 될지 물어보자.)

　단행본처럼 긴 작업물의 경우 위에서 설명한 방법들을 조합해 보자. 전문가의 확인이 필요한 부분은 적당한 사람에게 보내고, 전체 원고를 한 줄 한 줄 읽어 가며 원본 자료와 대조 확인한다. 팩트체크 과정에서는 자료의 신뢰성도 재검토해야 한다.

● 팩트체커처럼 생각하기

과거에 당신이 게시한 글을 하나(짧은 글 전체나 긴 글의 한 단락) 고른다. 인쇄해서 읽어 보며 팩트체크를 한다. 실수를 발견했는가? 이전에 쓴 글을 다시 확인하니 어떤 느낌이 드는가? 해당 글이 지금 다시 공유된다면 변경할 사항이 있는가?

팩트체크 일거리 구하기

팩트체커가 되고 싶다면 어디서 시작해야 할까? 여전히 팩트체크 및 조사 담당 직원을 두는 출판사도 있지만, 이제는 많은 출판물이 외주 인력에 의존한다. 그리고 외주 인력은 보통 보이지 않게 소리 소문 없이 채용된다. 예를 들어 편집자가 동료에게 프리랜서를 추천받고 그중 몇 명에게 연락한 뒤 가장 적합해 보이는 사람을 고르는 식이다. 팩트체커는 대체로 그때그때 외주 계약을 맺어 일하기 때문에, 편집자의 마음에 들지 않으면 다음에는 같이 일할 수 없다.

이런 상황은 무척 안타깝다. 팩트체크는 사무 작업을 선호하는 언론인이나 보도 경력을 쌓을 일자리가 필요한 신참에게 딱 맞는 일이니까. 게다가 프리랜서 언론인에게 정기적인 팩트체크 일거리는 계약 건별로 들어오는 불확실한 업무와 지급 일정 속에서 꾸준한 수입을 보장하는 생명줄이 될 수 있다. 나는 MIT의 나이트 과학 저널리즘 프로그램과 협업하면서 팩트체커라는 직업을 더 널리 알리고자 했다. 내가 이 책을 쓰는 지금 누구나 검색할 수 있는 팩트체커 200여 명의 데이터베이스가 구축되어 있으며 앞으로도 계속 추가될 예정이다. 이를 통해 팩트체크 일거리에 관심 있지만 인맥이 없는 사람들이 편집자나 기자와 연결될 수 있게 도우려고 한다 (해당 목록은 https://ksjfactcheck.org/find-a-fact-checker/에서 확인할 수 있다).

물론 소박한 목록 하나만으로 현재와 미래의 모든 팩트체커가 일거리를 찾기는 어려울 것이다. 그렇다면 (특히 당신이 신참이라면) 과연 어떻게 팩트체크 일을 구할 수 있을까?

어떤 형태로든 언론계에서 일하고 있다면 인맥을 활용하자. 친구나 동료가 일하는 언론사에서 팩트체커를 쓰고 있는가? 그렇다면 당신이 팩트체크 일거리에 관심이 있다고 알리자. 프리랜서로서 언론사 외주 작업을 하고 있는가? 그렇다면 출판물을 팩트체크하는지, 혹시 추가로 일손이 필요한지 편집자에게 물어보자. 당신이 이미 보도와 글쓰기 실력을 보여 주었다면 팩트체크 경험이 없더라도 편집자가 일을 맡길 가능성이 상당히 높다.

마지막으로 중요한 질문이 있다. 프리랜서 팩트체커는 보통 얼마를 버는가? 언론계의 많은 직업이 그렇듯 대답은 천차만별이겠지만, 이 일이 얼마나 어려운지를 고려하면 대부분 **충분히 벌지 못한다**고 봐야 한다. 우리 팀이 인터뷰 조사에 기초하여 2018년 발표한 『과학 저널리즘의 팩트체크 현황』에 따르면 편집자의 평균 시급은 27.76달러, 팩트체커의 평균 시급은 34.27달러였다. 전문 분야가 있거나 유난히 깐깐한 기자와 협업할 수 있는 팩트체커라면 75~100달러에 이르는 높은 시급을 받기도 했다. 이번 조사는 한 예에 불과하지만 다른 기관에서 조사한 결과도 크게 다르지 않았다. 예를 들어 경제연구소Economic Research Institute는 편집부 팩트체커가 보통 시간당 30달러 정도를 받는다고 발표했고, 2020년 프리랜서 편집자 협회원들은 설문조사에서 팩트체크 및 리서치 업무의 평균 시급이 46~50달러 정도라고 응답했다.

4장

유형별
팩트체크 노하우

이제 기본적인 팩트체크 절차는 알았을 것이다. 그렇다면 각각의 사실을 실제로 어떻게 확인해야 할까? 사실 유형에 따라 확인 요령도 달라진다. 예를 들어 견적을 확인하려면 수도 이름의 철자나 아이폰 가격을 확인하는 일과는 무관한 고도의 기술이 필요할 수 있다. 다음은 업무상 팩트체크를 하게 될 수 있는 사실들의 유형에 따른 조언으로, 가장 흔하고 (일반적으로) 단순한 것부터 까다롭고 골치 아픈 것까지 정리했다. 읽어 가면서 『뉴요커』의 전 팩트체크 팀 책임자였던 피터 캔비가 내린 팩트체크의 정의를 생각해 보자. "팩트체크는 그저 '고상한 상식'입니다."

단순 사실

어떤 기사든 고유명사, 철자법, 날짜, 지리적 위치처럼 간단하게 확인할 수 있는 사실을 포함하고 있게 마련이다. 이런 정보는 가능하면 항상 1차 자료로 확인하자. 여의치 않은 경우 팩트체크 팀에서는 사실 하나당 양질의 2차 자료를 두세 개씩 제시하곤 한다(1차 자료와 2차 자료의 구분은 5장을 참조하라).

철자를 확인할 때는 단어의 모든 글자에 줄을 그어 지워 가며 원본 자료를 읽고, 악센트와 기타 기호도 잘 살펴본다. 철자가 독특하거나 대문자가 들어가는 고유명사(크리넥스나 아이폰 등)는 다시 한번 확인한다. 사건이 일어난 시점을 언급한("지난달"처럼) 기사는 게재될 때마다 시점이 적합한지 확인하자. 마찬가지로 기사에 등장한 인물의 나이도 항상 재확인해야 한다. 기사를 작성한 시점과 인쇄 시점 사이에 생일을 맞을 수도 있으니까(『슬레이트』 인턴 시절 민망하게도 하버드 로스쿨 학장이자 교수인 마사 미나우의 나이를 확인하려고 미나우와 직접 통화한 사람도 있다).

원본 자료를 꼼꼼히 읽고 인물이나 장소, 또는 사물이 맞는지 확인하자. 언뜻 보기에 명백한 사실에도 두 가지 이상의 의미가 있을 수 있으니 조심해야 한다. 예를 들어 2014년 알래스카 공화당 예비선거에는 동명이인인 두 명의 댄 설리번이 출마했고, 맨해튼 비치는 로스앤젤레스 외곽의 부유한 해변 동네인 동시에 미네소타주의 작은 내륙 마을이기도 하다. 그리고 오스트레일리아 기자의 비치웨어에 관한 글을 미국 독자를 위해 팩트체크하면 thong이라는 단어가 미국에서는 전혀 다른 뜻이라는 사실을 알게 된다.★

인터넷이나 인쇄물의 오래된 정보에도 유의하자. 대학교 웹사이트에 교수의 최근 변경된 직책이 반영되지 않았을 수도 있고, 어떤 회사의 특정 제품이 더 이상 예전 가격에 판매되지 않을 수도 있으며, 여행 작가가 기사를 쓰면서 챙겼던 아르헨티나 목장 팸플릿 속 전화번호가 이제는 유효하지 않을 수도 있다. 의심스러운 경우 해당 기관 담당자에게 전화나 메일로 연락하여 정확한 정보인지 확인하자.

마지막으로, 기자와 편집자가 특정한 단어를 적확

★ thong은 미국에서는 끈 팬티를, 오스트레일리아에서는
발가락에 끈을 끼워 신는 슬리퍼를 뜻한다.

하게 사용했을 것이라고 가정해선 안 된다. 생소한 단어라면 더욱 그렇다. 확실하지 않다면 반드시 단어의 정의를 찾아보고 의미와 문맥이 적절한지 확인하자.

● **팩트체커처럼 생각하기**

기사나 논픽션 단행본을 읽을 때 언급된 인물 중 하나를 골라서, 그를 포함해 아무에게도 연락하지 않고 그에 관한 세부 내용을 팩트체크해 보자. 자료를 찾기가 어려웠는가? 글의 내용과 찾은 정보가 일치하지 않았는가? 그렇다면 기자가 잘못 알았거나 그가 찾은 자료가 틀렸을 가능성이 있을까?

숫자와 측정값

기사에서 숫자나 측정값을 확인해야 할 경우 맥락, 참고 자료, 그리고 상식을 염두에 두자. 단순한 측정값이라면 팩트체크가 비교적 수월할 것이다(그래도 절대로 태만해서는 안 된다). 예를 들어 레시피가 포함된 요리 잡지 특집 기사를 팩트체크한다고 해 보자. 측정값이 합당한가? 바닐라 추출물이 **정말** 1큰술이나 들어갈까, 아니면 1작은술의 오류일까? 유럽에서 작성된 보고서 내용 가운데 거리를 인용한 기사를 팩트체크한다고 해 보자. 측정값이 킬로미터에서 마일로 올바르게 변환되었는가? 80억 명이 새로운 스마트폰을 구매했다는 기사를 팩트체크한다고 해 보자. 전 세계 인구는 2022년 초 기준으로 78억 명을 조금 넘는 것으로 추산된다. 그렇다면 기자가 쓰려고 한 것은 8백만이었을까? 아니면 10억 등 아예 다른 숫자였을까?★ 다양한 부속품이 포함된 새로운 카메라 세트를 소개하면서 전체 가격이 500달러라고 설명하는 기사는 어떤가? 모든 부속품의 개별 가격을

★ 영어로 80억은 8 billion, 8백만은 8 million, 10억은 1 billion이다.

합산하면 전체 가격과 일치하는가? 기자가 제시한 가격이 정확하지 않고 반올림 또는 반내림한 가격이라면? 가능하다면 정확한 가격을 쓰는 것이 최선이겠지만, 최소한 기자와 편집자에게 정확한 가격과 반올림한 가격을 모두 알려 주고 어느 쪽을 쓸지 결정하게 하자. "1퍼센트 증가"했다고 서술한 기사는 또 어떤가? **퍼센트**와 **퍼센트포인트**를 혼동한 건 아닐까? 예를 들어 어떤 수치가 50퍼센트에서 60퍼센트로 올랐다면 **10퍼센트포인트**가 증가했지만 실제 양은 20퍼센트 증가한 것이다.

다시 말해서 모든 숫자와 측정값을 하나하나 확인해야 한다. 숫자가 맥락에 맞는지 살펴보는 것도 잊지 말자.

숫자가 복잡할수록 더욱 주의해야 한다. 종종 왜곡되고 오해받는 통계를 예로 들어 보자. 기자가 사용한 자료를 주의 깊게 살펴보자. 해당 자료의 작성자가 어느 쪽으로든 명백하게 편향되어 있는가? 예를 들어 편파적인 싱크탱크나 변호 단체에서 일하는가? 그렇다면 더 양질의 중립적인 1차 자료를 찾아야 한다. 해당 자료에 내재된 편견을 지적하기 위해 사용하는 경우는 예외겠지만, 이런 경우더라도 기사에서 의도를 명확히 밝혀야 한다.

　　기자가 통계를 올바르게 사용했는지도 확인한다. 흔한 오류 하나는 **상관관계**를 **인과관계**로 착각하는 것이다. 상관관계는 두 변수가 시간의 흐름에 따라 어떻게 변화하는지 보여 준다. 서로 같은 방식으로 증가하거나 감소할 수도 있고, 한 변수가 감소하는 반면 다른 변수는 증가할 수도 있다. 하지만 상관관계만으로는 한 변수의 변화가 다른 변수의 원인인지 알 수 없다. 그래서 인과관계도 살펴봐야 하는 것이다. 상관관계와 인과관계의 차이는 시간의 흐름에 따른 궤적이 동일하지만 무관한 것이 거의 확실한 두 데이터 세트를 정렬함으로써 설명할 수 있다. 보스턴 컨설팅 그룹의 대표인 타일러 비건이 저서 『가짜 상관관계』Spurious Correlations와 동명의 블로그에서 사용한 것도 이런 방법이다. 예를 들어 비건은 2000년부터 2009년까지 메인주의 이혼율을 그래프로 만들었는데, 이는 같은 시기의 1인당 마가린 소비 증가율과 대강 일치한다. 하지만 메인주의 이혼율 감소가 버터 대용품을 덜 먹기 때문이라고 주장할 사람은 없을 것이다.

　　합리적인 연구에 상관관계가 필요 없다는 이야기

는 아니다. 오히려 역학 분야와 같은 과학 연구에서는 상관관계 조사가 필수다. 대부분 식품이나 잠재적 발암물질과 같은 환경 요인에 대한 노출이 특정 집단에 미치는 영향을 살펴보는 연구다. 하지만 이런 연구만으로는 특정한 노출이 특정한 결과를 초래했다고 단정할 수 없다. 팩트체커는 항상 연구 결과가 어떻게 해석될 수 있는지 이해하고, 기자가 연구 결과를 지나치게 확대 해석하지 않았나 확인해야 한다.

건강 관련 기사도 이런 관점에서 고려할 수 있다. 기자는 **상대적** 위험에 관해 논하는 연구를 인용해 **절대적** 위험을 보고하는 경우가 많다. 상대적 위험은 서로 다른 대조군의 비교에서 나타난 결과인 반면, 절대적 위험은 특정한 사건이 발생할 실제 가능성을 가리킨다. 가상의 연구 결과 커피를 마시면 암에 걸릴 위험성이 상대적으로 25퍼센트 증가하는 것으로 밝혀졌다고 쳐 보자. "커피, 암 위험을 25퍼센트 높여"라는 기사 표제는 커피한 잔만 마셔도 암에 걸릴 수 있다는 의미로 보일 것이다. 하지만 이 가상의 연구를 좀 더 자세히 살펴보면, 저자들이 커피를 마시는 그룹과 마시지 않는 그룹을 비교했더니 전자는 암에 걸릴 위험이 0.001퍼센트인 반면 후자는 0.00125퍼센트라는 내용임을 알 수 있다. 상대적 위험도가 25퍼센트 증가한 것은 맞지만 전반적으로는 여전히 미미한 수준이다. 이제 마음 편히 커피를 마시자.

　통계가 오해된 또 다른 사례로, 세계보건기구 산하 기관인 국제암연구소의 성명 이후 나온 기사 표제들이 있다. 국제암연구소의 최우선 임무는 인간이 이용할 수 있는 다양한 물질의 과학적 자료를 검토하고 해당 물질이 암을 유발할 가능성을 판단하는 것이다. 문제는 이 기관이 이런 물질들을 위험도가 아니라 근거의 강력함에 따라 분류한다는 것이다. 2015년에는 베이컨에 관한 국제암연구소의 평가가 뉴스를 장식했는데, 일부 언론에서는 베이컨이 담배만큼이나 암을 유발할 가능성이 높다고 보도했다. 실제로 담배와 육류 가공품 모두 국제암연구소의 분류 목록에서 최강 단계("1군: 인간에게 암을 유발하는 물질")에 포함되지만, 이는 둘 다 암과의 연관성을 입증하는 과학적 근거가 강력하다는 의미일 뿐이다. 궁극적으로 베이컨 섭취는 암을 발병시킬 가능성이 흡연보다 훨씬 낮다.

　팩트체커가 이해해야 할 또 다른 중요한 통계적 개

넘은 소위 p값이다. 연구자들이 연구 결과에서 나타난 차이가 통계적으로 유의미한지 아니면 무작위적 우연의 산물인지 판단하기 위한 개념이다. 이 값을 단순하게 정의할 방법은 없다. p값이 낮을수록 연구의 신뢰도가 높다. 일반적으로 인정되는 p값은 0.05 미만이며 『숫자에 약한 사람들을 위한 통계학 수업』의 저자 데이비드 스피겔홀터에 따르면 $P < 0.05$라고도 쓰는데, 이는 다음과 같이 이해할 수 있다. "실제로 독립적인 100번의 실험 중 5개가 다른 결과라면 잘못된 '발견'이라고 주장할 수 있다." 고에너지 물리학 같은 일부 연구 분야에서 $P < 0.05$는 터무니없이 높은 수치다. 다른 분야에서는 연구자들이 원하는 답을 얻기 위해 통계를 부적절하게 사용하고 허용 가능한 p값에 도달할 때까지 데이터를 조작하는 'p 해킹'을 행하기도 한다. 팩트체커는 의심스러울 경우 통계학자에게 연락하여 논문이 p값을 정직하고 올바르게 사용했는지, 애초에 제대로 정의했는지 확인해야 한다.

● **전문가의 조언: 인터넷에서 통계 찾기**

구글이 항상 믿을 만한 자료는 아니지만 중요한 수치를 찾는 데는 도움이 될 수 있다. 팩트체크할 기사에 쓰인 통계를 확인할 수 없는 경우, 관련 수치를 포함한 검색어와 문장의 다른 키워드를 구글에 입력해 1차 자료를 찾아볼 수 있다. 더 정확한 수치를 제공하는 더 나은 자료가 있을 수도 있지만 온라인 검색으로는 나오지 않을 가능성이 높다. 구글로 찾아낸 자료도 다른 모든 자료와 마찬가지로 팩트체크를 해야 한다.

마지막으로 기자가 원본 자료를 사용하여 직접 계산한 경우가 있다. 가능하면 계산 과정을 설명해 달라고 요청하자. 원본 자료도 살펴보자. 자료가 믿을 만한가? 기사의 논리는 타당한가? 수치를 확인하는 데 도움이 될 다른 자료를 찾을 수 있는가?

통계나 계산을 확인해야 하고 적당한 자료도 있지만 숫자라면 도무지 모르겠다는 사람도 있을 것이다. 괜찮다. 팩트체크를 잘하려고 통계학이나 수학까지 마스터할 필요는 없다. 인가받은 대학교의 수학과에 연락해 적당한 전문가와 전화나 영상 통화 일정을 잡자.

● **팩트체커처럼 생각하기**

잡지 기사를 읽으면서 숫자가 나올 때마다 표시해 보자. 모든 숫자에 대해 신뢰할 만한 1차 자료를 찾을 수 있는 가? 어떤 숫자가 가장 확인하기 어려웠는가? 그 이유는 무엇일까?

여론조사

뉴스 매체는 여론조사에 의존하는 경우가 많다. 특정한 시사 문제를 어떻게 생각하는지, 다가오는 선거에서 누구에게 투표할 것인지 사람들의 의견을 파악하는 데는 여론조사만 한 수단이 없다. 여론조사는 데이터를 직접 수집한 결과이기에 1차 자료로 간주되기도 한다. 그렇다고 모든 여론조사가 양질의 자료인 것은 아니다. 설문지를 어떻게 만들었는지에 따라 자료로서 가치가 없을 수도 있다. 게다가 언론인이라면 개별 여론조사에만 의존하여 결론을 내려서도 안 된다. 아무리 잘 수행된 여론조사라도 한계가 있기 때문이다. 다시 말해 여론조사는 "그 자체로 진실이 아니라 우리가 진실이라고 아는 것에 대한 하나의 렌즈에 지나지 않는다"라고 뉴욕대학교 데이터 과학센터의 학부 과정 책임자이자 538★의 정량적 연구원이었던 앤드리아 존스루이는 말한다. 그에 따르면 여론조사는 '한 시점時點'에서의 견해를 비춰 줄 뿐이다. "그렇다고 해서 여론조사가 무의미하고 잘못되었다는 것은 아닙니다. 그 내용이 근본적으로 편향되었거나 특정 방향으로 쏠린 경우가 문제인 거지요."

컬럼비아 대학교의 데이터 저널리즘 부교수이자 디지털 저널리즘 견인 센터의 부대표인 드루밀 메타에 따르면, 언론인이나 팩트체커는 개별 여론조사를 평가하기 전에 그것이 더 넓은 여론조사 생태계에서 어떤 위치에 있는지 파악해야 한다(메타는 538에서 존스루이와 함께 일한 바 있다). 해당 여론조사에 최대한 풍부한 맥락을 제공하기 위해서다. 예를 들어 대통령 선거에 관한 여론조사라면 같은 주제에 관한 최근의 모든 여론조사를 살펴보고 응답이 어떻게 다른지 확인해야 한다.

다음으로 메타는 여론조사를 실시한 기관을 확인하라고 권한다. 오랫동안 여론조사를 실시해 왔으며 비교적 정확한 결과를 도출해 왔다고 평가받는 기관들이 있다. 예를 들어 ABC 뉴스, 『워싱턴 포스트』, 서베이 USA, 몬머스 대학교 등은 선거 여론조사 분야에서 인정받고 있다. 만약 여론조사 기관이 생소하거나 최근에 생긴 곳이라면 가짜 뉴스나 사기는 아닌지 추가 현장 취재가 필요하다. 다음 사항들을 확인하자. 설문지는 누가 만들었는가? 연락처를 공개한 실제 인물이나 조직인가? 여론조사에 관한 질문에 기꺼이 응답하는가? 정당한 여론조사 기관은 그들의 정체를 명확히 밝히고 설문지를 만든 과정뿐만 아니라 전체 문항과 질문 순서까지 공개할 수 있어야 한다. 정당한 여론조사 기관이라면 응답자 전체의 인구통계(성별, 인종, 정당 등)와 응답률도 공개하겠지만, 메타는 응답률을 공개하지 않았다는 것만으로 해당 여론조사를 불신할 필요는 없다고 말한다. "투명성이 높은 것이 낮은 것보다는 항상 낫습니다. 그러나 방법론에 있어 특정한 정보가 누락되었다고 설문조사 자체를 의심할 필요는 없습니다."

여론조사 기관에는 다양한 종류가 있다는 점에도 주의하자. 많은 뉴스 매체나 대학교가 여론조사를 수행한다. 하지만 특정 정당 후보가 고용한 업체에서 수행하는 여론조사도 있는데, 이는 응답자가 매번 비슷하고 해당 정당에 편향된 사람들일 수 있다는 의미다. 존스루이에 따르면 이보다 더 "골치 아픈" 것은 정당 내부 여론조사인데, 실시하는 사람들이 상사의 비위를 맞추려고 유도 신문을 하거나 가장 긍정적인 답변만 골라내어 보도자료를 만들기 때문이다.

여론조사 전반의 맥락을 대강 파악했다면 이젠 개

별 여론조사를 평가할 차례다. 다시 말해 방법론을 살펴봐야 한다. 존스루이에 따르면 쉽게 확인할 수 있는 두 가지 세부 사항은 데이터를 수집한 기간과 응답자 수다. 조사 기간이 중요한 것은 이를 통해 사람들이 설문지 내용을 어떻게 받아들였는지 단적으로 파악할 수 있기 때문이다. 예를 들어 특정 정당 후보에 관한 부정적인 정보가 나온 전후로 그에 대한 유권자들의 선호도가 어떻게 달라졌는지 확인할 수 있다. 응답자 수는 여론조사의 표본 규모를 보여 주기 때문에 중요하다. 시간과 비용을 고려할 때 여론조사 기관이 3억 3천만 명에 달하는 모든 미국인에게 총기 권리나 낙태를 어떻게 생각하는지 물어볼 수는 없기에, 어느 정도 대표성을 가질 수 있는 하위 집합을 찾아야 한다. 존스루이에 따르면 미국 인구의 표본은 2천 명 정도면 충분하다(1만 명 정도로 늘려도 정확도가 크게 높아지진 않는다고 한다). 표본 규모가 지나치게 작거나 여론조사 기관이 표본 규모를 밝히지 않았다면 주의해야 한다.

표본의 구성도 중요하다. 여론조사 기관은 전통적으로 믿을 만한 여론조사를 실시하기 위해 확률 기반 방식에 의존해 왔다. 더 큰 집단에 외삽할 수 있는 인구통계학적 특성을 지닌 무작위 표본을 찾아내는 것이다. 여론조사 방법론에서 이 부분은 해당 기관이 사용한 연락 수단을 기준으로 평가할 수 있다. 확률 기반 여론조사의 경우 기존 전화번호부 또는 메일링 리스트에서 응답자를 찾는 것이 보통이다. 그러나 표본이 무작위로 추출되었는지, 특정한 연령대나 정치 성향이나 소득 계층이 과소 대표되는 등 왜곡되진 않았는지 주의해야 한다(더 넓은 인구통계를 반영하기 위해 특정 집단의 응답에 가중치를 부여할 수도 있다). 여론조사 기관이 유선전화만 사용했다면? 이제는 유선전화를 아예 쓰지 않는 사람이 많다. 아니면 휴대전화만 사용했다면? 모르는 번호로 걸려 온 전화는 받지 않는 사람도 많으며, 설사 받더라도 정치적이거나 민감한 질문에 응답해야 한다고 하면 바로 끊어 버릴 것이다. 여론조사에 따라서 보다 대표성 있는 표본을 확보하기 위해 전화, 문자, 메일 등 다양한 연락 수단을 사용하기도 한다. 연락 수단이 다양할수록 응답자 표본의 대표성이 높아질 수 있다(하지만 유능한 기관이 제대로 수행한 전화 여론조사가 연락 수단이 다양한 여론조사보다 나을 때도 있다는 데 유념하자. 따라서 연락 수단을 결정할 때는 여론조사로 수집할 모든 정보와 그 맥락을 고려해야 한다).

여론조사 기관들은 점점 더 인터넷에, 특히 사전 동의 온라인 여론조사에 의존하고 있다. 더 적은 비용으로 더 많은 사람의 데이터를 더 쉽게 수집할 수 있으며 일반적인 확률 기반 여론조사보다 훨씬 방대한 표본을 수집할 수 있기 때문이다. 하지만 온라인 사전 여론조사는 표본을 무작위로 추출할 수가 없다. 퓨 리서치센터가 지적했듯이 미국에는 전화번호부와 주소록은 있지만 인터넷 이용자 전체 명단은 없기 때문이다. 다시 말해 온라인 여론조사는 흔히 비확률 표본을 대상으로 하며 확률 법칙을 통해 적절한 정보를 얻었는지 확인할 수 없다는 의미다. 그 대신 광고 등의 다른 수단을 통해 응답자를 찾다 보니 응답자들이 정말로 평가하려는 집단에서 무작위로 추출된 표본인지도 모르는 채 복잡한 통계적 방법을 적용하여 모든 것을 맞추려고 노력해야 한다. 메타에 따르면 이런 여론조사를 평가하는 방법은 평판이 좋은 기관에서 실시했는지 확인하는 것이다. 여론조사를 실시한 기관이 어디인지 찾아볼 뿐만 아니라 과거에도 같은 방법을 사용했는지, 결과를 정확하게 예측한 실적이 있는지 확인해야 한다.

여론조사 방법론의 또 다른 핵심 요소는 질문에 쓰인 표현이다. 대체로 바이든이 대통령으로서 하는 일에 찬성하십니까, 반대하십니까?처럼 표준화된 질문이 다가오는 선거에서 누구에게 투표할 예정입니까?보다 더 명확한 응답을 이끌어 낼 수 있다. 경우에 따라서는 특정한 표현이 응답자를 특정한 답변으로 유도할 수도 있다(바이든이 대통령으로서 얼마나 형편없다고 생각합니까?). 이를 유도 신문이라고 한다. 질문의 순서도 살펴봐야 한다. 여론조사에서 경제에 관해 여러 질문을 한 다음 마지막으로 미국이 직면한 가장 큰 문제는 무엇입니까?라고 묻는다면 응답자는 경제가 가장 큰 문제라고 대답할 가능성이 있다고 존스루이는 말한다. 민감한 질문에는 신중한 표현이 필요할 수 있다(불법 약물을 사용해 본 적이 있습니까?라고 묻는다면 솔직한 응답을 얻지 못하겠지만, 불법 약물을 사용해 본 사람을 알고 있습니까?라고 묻는다면 얻을 수도 있다). 응답해야 할 질문이 50개나 된다면 응답자에 따라서는 주의가 산만해지거나 도중에 포기해서 뒤쪽 질문들에 대해서는 앞쪽만큼 성실하게 응답하지 않을지 모른다.

여론조사가 포함된 기사를 팩트체크해야 하는데

방법을 잘 모르겠다면 전문가에게 위험할 수 있는 부분을 지적해 달라고 도움을 요청하자. 여론조사 내용뿐만 아니라 그 결과를 기자가 기사에 어떻게 사용했는지도 살펴보자. 기자가 여론조사 결과를 절대적 사실처럼 그대로 가져다 쓰는 일도 드물지 않다. 앞에서 말했듯 기사에 사용된 여론조사가 특이한 경우는 아닌지 확인하기 위해 같은 주제에 관한 다른 여론조사가 있는지 확인하는 것이 좋다. 해당 여론조사의 중요한 전제와 주의사항을 기사에 포함하고, 가능하다면 원본 자료를 링크하자. 설문지에 적힌 질문을 문자 그대로 정확히 기사에 인용하는 것도 잊지 말자.

인용문

세 명의 팩트체커에게 인용문 확인 방법을 물어보면 세 가지 다른 답변이 나올 것이다. 인용문 확인 방법은 출판물의 종류, 인용문의 민감도, 사용 가능한 원본 자료와 상황에 따라 달라질 수 있다. 여기서는 각각 장단점이 있는 몇 가지 방법을 소개하겠다.

음성 기록

몇 시간 분량의 인터뷰 녹음을 처음부터 끝까지 들을 만큼 여유로운 팩트체커는 없을 것이다(그나마 기자가 인터뷰를 녹음했다면 말이다). 드물지만 녹음 파일에 인용한 구간을 하나하나 체크해서 보내 주는 기자도 있다. 파일을 직접 들으며 받아 적었더라도 음질이 나쁘거나 인용문이 기사 맥락과 맞지 않는 경우도 있다. 녹음을 잘 알아들을 수 없다면 다른 자료로 인용된 내용을 재확인한다(옆의 '녹취록' 단락을 참조하라). 맥락을 파악하기 위해 인용문 전후 내용을 충분히 듣고, 인용된 방식이 취재원의 의도를 반영했는지도 확인한다.

녹취록

시간이 촉박한 경우 녹취록이 있으면 유용하다. 인용문의 단어나 문구를 검색하여 대조해 볼 수 있기 때문이다. 그러나 녹취록의 품질은 기자나 녹취 담당자가 인터뷰 녹음을 얼마나 주의 깊게 들었느냐에 따라 달라진다(앞에서 말했듯 그나마 기자가 인터뷰를 녹음했다면 말이다). 문구를 잘못 이해했거나 단어를 잘못 입력했을 수도 있다. 2013년 『와이어드』 기사를 예로 들어 보자. 이 기사는 어떤 컴퓨터에서든 파일을 이용할 수 있도록 클라우드 용량을 제공하는 드롭박스를 소개하면서 이 회사의 공동 창업자인 드루 휴스턴의 말을 인용했다. "드롭박스는 어떤 사람들에게 필요할까요? 젖꼭지가 있는 사람이라면 누구에게나 필요합니다." 음성을 글로 옮기며 생긴 오류로 인해 잘못된 인용문이 끝까지 고쳐지지 않았고, 기사는 게재된 이후에야 정정되었다. 휴스턴은 "젖꼭지가 있는with nipples 사람"이 아니라 "심장이 뛰는with a pulse 사람"이라고 말한 것이었다.

인터뷰 녹취록은 작성 방식이 다양한 만큼 결과물

의 품질도 다양하다. 기자가 직접 녹음한 내용을 들으며 받아 적기도 하고, 경우에 따라서는 녹취 업체에 의뢰할 수도 있다. 이런 업체는 사람을 고용하거나 인공지능을 사용한다. 어떻게 작성된 녹취록이든 팩트체커가 참조할 때 주의해야 한다는 점은 매한가지다. 음질이 나쁘거나 업계 용어가 많이 나오는 전문가 인터뷰라면 녹취 담당자가 실수할 수도 있다. 녹음 파일에 잡음이 많거나 인터뷰 상대의 표현이나 억양이 특이한 경우 AI 녹취도 오류가 생길 수 있다. 이상적인 기자라면 녹취록을 파일과 대조 확인하며 오류를 바로잡고 알아듣기 어려운 부분에는 메모를 남길 것이다. 하지만 그러지 않는 기자도 많다.

취재원 확인

출판물에서는 취재원을 인용한 부분을 본인에게 읽어주고 확인받는 것이 금지되어 있다. 취재원이 자신이 한 말을 부정할 수도 있고, 더 그럴싸하게 다듬거나 고용주 등 타인과의 갈등을 피하기 위해 고쳐 달라고 요구할 수도 있어서다. 하지만 제대로 된 녹음 파일이나 녹취록이 없는 경우, 기자가 냅킨에 끄적거린 인용문을 넘겨줬거나 기자 본인의 기억 말고는 증거 자료가 없는 경우 취재원에게 직접 연락할 수밖에 없다.

취재원에게 사실을 확인받는 몇 가지 방법이 있다. 어떤 방법을 선택할지는 당신을 고용한 언론사의 규정과 문제의 인용문이 긍정적인지 또는 논란의 여지가 있는지에 따라 달라진다. 한 가지 방법은 취재원에게 인용문과 같은 주제로 몇 가지 질문을 해서 답변을 확인하는 것이다. 취재원의 답변이 인용문과 비슷하다면 인용문의 정당성을 믿을 수 있지만, 취재원이 쓰는 단어뿐만 아니라 어조(예를 들어 인용문의 진지한 어조와 달리 비꼬는 어조로 답변하고 있는가?)에도 주의해야 한다. 또 다른 방법은 인용문을 다른 말로 바꿔 써서 취재원에게 사실인지 확인받은 후 기사에는 인용문을 그대로 싣는 것이다. 취재원에게 인용문을 보여 주면서 정확한 내용인지 물어보되, 기사에는 바꿔 쓰겠지만 사실과 직접 연관되지 않은 부분은 바꿀 수 없다고 설명하는 방법도 있다(특히 인용문에 전문 용어가 포험된 경우, 팩트체커는 이 점을 명확히 설명한 후에 인용문을 읽어 주고 확인받을 수 있다). 흔한 일은 아니지만, 일부 언론사는 수정 여부에 대한 최종 결정권은 자기들에게 있다고 양해를 구한 뒤 취재원에게 인용문을 읽어 주기도 한다.

인용문을 확인할 수 없다면 어떻게 해야 하나? 팩트체크 보고서를 통해 편집자에게 지적하자. 인용문을 어떤 식으로든 수정하지 못하게 금지된 출판물도 있고, '음' '어' 등의 군소리를 삭제하고 오탈자를 고치는 정도만 허용되는 출판물도 있다. 일반 독자를 대상으로 기술적 주제를 다룬 글은 취재원의 동의하에 일부 전문 용어를 이해하기 쉬운 단어로 바꿀 수 있으며, 혹은 인용문을 완전히 고쳐 써서 간결하게 만들 수도 있다(추천할 만한 방법은 아니다!). 특정한 말버릇이나 전문 용어, 쓸데없는 사설로 가득한 인용문은 핵심만 가져다가 고쳐 쓰고 취재원을 밝히는 것이 깔끔하다(아마도 최선의 방법일 것이다). 많은 언론사들이 긴 질문과 답변을 짧고 명료하게 다듬곤 하며, 따라서 인터뷰 내용이 온전히 게재되는 경우는 드물다는 점도 명심하자. 하지만 이런 경우 기자가 기사 도입부에 인터뷰가 편집되었다고 명시하게 마련이다.

인용문 자체도 팩트체크해야 한다. 취재원이 자신의 전문 지식이나 단순 사실을 벗어난 이야기를 한다면 해당 주장을 확인해야 한다. 예를 들어 예술가가 그와 다른 시대에 살아서 실제로 만날 수 없었던 피카소의 일화를 언급했다면 다른 전문가나 역사 자료를 통해 정확한 이야기인지 확인한다. 그렇지 않은 경우 해당 인용문은 기자의 의도와 달리 기사를 뒷받침하지 못할 수 있으므로 삭제하거나 교체해야 할 것이다.

● 팩트체커처럼 생각하기

가족 구성원이나 친구의 짧은 가상 인터뷰를 녹음하거나 촬영한다. 인터뷰 과정에서 답변 내용을 메모한 다음 이를 바탕으로 인용문을 재구성하고, 음성이나 영상을 재생하여 인용문과 일치하는지 확인한다. 인용문을 정확히 재현하기가 어려웠는가? 그 이유는 무엇인가? 인터뷰 상대가 빠르게 말했거나 생소한 주제에 관해 이야기했는가? 아니면 배경 소음이 많았는가?

개념

사실 중에는 구체적인 숫자나 정보가 아니라 특정한 사례들로부터 도출된 복잡한 추상 개념도 있다. 우주 질량의 대부분을 구성한다고 추정되지만 눈에 보이지 않는 암흑 물질, 최근의 백인 우월주의 집단 증가를 설명하는 정치 이론, 국민에게 보편적 기본 소득을 제공하는 정부에 대한 경제적 논거 등을 떠올려 보자.

당신이 전혀 문외한인 주제를 팩트체크하는 경우도 많을 것이다. 추상 개념을 이해하기 위해 박사학위 수준의 배경지식을 벼락치기로 공부하기보다는 전문가의 도움을 받는 것이 좋다. 적절한 전문가를 찾는 방법은 주로 두 가지다. 첫째로 기자가 기사를 쓰면서 인터뷰한 사람들을 살펴보자. 당신은 이미 세부 정보를 확인하려고 그들과 연락했겠지만, 그들에게 질문할 목록에 몇 가지 개념 질문을 추가할 수 있다.

둘째로 기사에 언급되진 않았지만 기꺼이 관련 배경지식을 알려 줄 만한 사람을 찾아보자. 예를 들어 암흑 물질 전문가가 필요하다면 구글에서 우주학 교수를 검색한다. 백인 우월주의 또는 보편적 기본 소득의 장단점에 관해 쓴 학자도 검색할 수 있을 것이다. 마땅한 인물을 찾을 수 없다면 해당 분야에서 평판이 좋은 대학교나 전문 단체를 검색해 보자.

어떤 곳이 '좋은'지에 대한 판단은 당신의 몫이다. 필요한 경우 공인받은 곳인지 확인하자. 이름은 그럴싸하더라도 비주류 단체일 수 있다는 점에 유의하자. 문제의 단체가 해당 분야 전문가 전반이 존중하는 단체인지 꼼꼼히 살피자. 금전적·개인적·정치적 이해관계가 있거나 혹은 있다고 여겨지는지도 살펴야 한다. 이해관계가 있는 전문가라고 해서 반드시 배제할 필요는 없지만 그 사실을 기사에 명확히 밝혀야 한다. 경우에 따라서는 이해관계가 있는 취재원이 제공한 정보를 확인해 줄 별도의 취재원을 한 명 이상 찾아야 할 수도 있다.

확실한 단체를 찾았다면 그곳의 미디어 또는 홍보 부서에 메일이나 전화로 용건을 설명하고 전문가를 추천해 달라고 요청하자.

● 팩트체커처럼 생각하기

기사나 책을 읽으면서 기술적 공정, 잘 알려지지 않은 정부 기관의 내부 기능, 정치 운동, 복잡해 보이는 개념 등에 관한 설명을 찾아보자. 해당 텍스트를 팩트체크한다면 정보를 확인하기 위해 어떤 전문가나 기관에 문의할 수 있을까?

비유

작가는 은유와 직유, 그 밖의 수사학 기법을 사용하여 복잡한 개념을 이해할 수 있게 표현한다. 하지만 그가 사용한 비유가 정확할까? 세상은 하나의 무대라거나 우주가 빅뱅으로 시작되었다는 표현은 타당할까, 아니면 과장된 무리수일까?

일반 상식으로 충분히 확인할 수 있는 비유도 있다. 나는 이 책 3장의 87페이지에서 "민물장어처럼 꿈틀거려서 맨손으로 움켜잡기 어렵다"는 표현을 썼다. 민물장어라는 동물이 실존하는가? 정말로 꿈틀거리는가? 실제로 움켜잡기 어려운가? 팩트체커는 민물장어가 실존하는 동물임을 확인한 다음, 사람들이 맨손으로 장어를 움켜잡는 온라인 동영상을 찾아서 틀어 볼 수 있다. 비교적 단순한 비유는 자신의 경험과 직감으로 확인할 수 있겠지만, 복잡한 과학적 공정이나 예술 운동처럼 난해한 내용을 설명하기 위해 비유가 동원될 때도 있다. 이런 경우 취재원 명단을 살펴보고 해당 표현을 질문 목록에 추가하자. 전문가가 그런 비유는 적당하지 않다며 반대하고 다른 비유를 추천할 수도 있다.

● **팩트체커처럼 생각하기**

뉴스 기사나 표제, 논픽션 서적, 그 밖에도 참고 가능한 자료에서 비유를 찾아보자. 이 비유를 어떻게 팩트체크할 수 있을까? 상식이나 경험을 바탕으로? 혹은 전문가에게 문의해야 할까? 만약 그렇다면 어떤 분야의 전문가인가? 해당 비유가 기사의 맥락에 적합하다고 생각하는가? 왜 그렇게(혹은 그렇지 않다고) 생각하는가? 더 나은 비유를 제시할 수 있겠는가?

이미지

기사에는 보통 중요한 시각적 맥락을 보여 주는 이미지가 함께 실린다. 기사의 모든 이미지가 의도한 내용을 제대로 드러내는지 확인해야 한다.

사진과 영상

피사체가 올바른 사람, 장소 또는 사물인지 확인하자. 언론사 내 디자인 팀이나 뉴스 통신사 또는 사진이나 영상 작가에게 직접 물어 볼 수도 있지만, 시간이 있다면 공식 웹사이트나 언론사에 문의하고 스톡 사진이나 동영상 사이트로 교차 검증하는 등 다른 출처를 통해 확인하는 것도 나쁘지 않다. 사진이나 영상과 그 내용을 개인적으로 잘 아는 사람이 있으면 가장 좋겠지만, 무엇이든 취재원에게 직접 보내기 전에 다시 생각해 보자. 예를 들어 세계 최고의 사탕수수두꺼비 전문가에게 이 사진이 사탕수수두꺼비를 찍은 게 맞는지 물어보는 것은 괜찮을 수 있다. 그러나 사내 인력이 촬영한 사진의 경우 언론사에서 외부 유출을 염려할지도 모른다. 기사에서 다룬 인물이 자신의 특정한 사진이 명예를 훼손한다며 사용을 거부할 수도 있다.

이미지 방향이 올바른지도 확인하자. 생소한 동물을 흐릿하게 담은 사진의 위아래가 뒤집히거나(실제로 『내셔널 지오그래픽』의 팩트체커가 인쇄 전에 이런 오류를 잡아낸 적이 있다) 좌우가 반전되지는 않았는가? 이런 경우 간판 글자 등이 단서가 될 수 있다.

사진 캡션이나 영상 자막도 팩트체크해야 한다. 인명과 지명이 정확히 확인되었고 오탈자는 없는가? 텍스트가 사진이나 영상 내용을 제대로 설명하는가? 패션 잡지의 팩트체커는 옷의 소재는 물론(조끼가 천연가죽인가, 인조가죽인가? 장미 무늬라고 적힌 옷이 실제로는 다른 꽃무늬가 아닌가?) 스타일과 디자이너를 재확인해야 할 것이며, 사진 잡지에서 일한다면 기사에 소개된 카메라 제조사와 모델명을 재확인해야 할 수 있다. 더 많은 맥락을 필요로 하는 모호한 설명에도 유의하자. 예를 들어 '시청'이라는 캡션만 달린 사진은 추가 설명이 필요할 것이다. 런던 시청은 뉴욕이나 캔자스주 토피카의 시청과는 전혀 다르게 생겼을 테니까.

가짜 사진도 조심하자. 혹은 실제 사진이 잘못된 맥락에서 사용되는 경우도 있다. 예를 들어 2019년 아마존에 불이 나자 몇몇 유명인이 그곳 상황을 보여 주는 것으로 추정되는 사진을 트위터에 게시했다. 축구 스타 크리스티아누 호날두는 "전 세계 산소의 20퍼센트 이상을 생산하는 아마존 열대우림이 3주 전부터 불타고 있다. 지구를 구하는 일은 우리의 손에 달려 있다. #prayforamazonia"라는 글과 함께 2013년 브라질의 다른 지역에서 촬영된 사진을 올렸다. 호날두의 트위터 팔로워는 수천만 명에 이르며, 그의 게시물은 2021년 말 기준으로 10만 번 이상 재게시되고 37만 5천 번 가까이 '좋아요'가 찍혔다. 트위터 팔로워가 760만 명에 이르는 마크롱 프랑스 대통령은 실제로 불이 난 아마존 열대우림 사진을 올렸지만, 이는 사실 16년 전에 사망한 작가의 사진이었다. 마크롱의 게시물은 5만 2천 번 가까이 재게시되고 14만 7천 번 가까이 '좋아요'가 찍혔다.

실제 사진을 잘못된 맥락에서 사용하지 않으려면 사진이 온라인에서 게시된 곳을 보여 주는 이미지 역추적 기능을 사용하자. 현재로서는 이런 기능을 제공하는 서비스로 구글과 틴아이TinEye가 널리 쓰인다. 마크롱이 아마존 화재 사진을 올리기 전에 이 기능을 사용했다면 해당 사진을 스톡 사진 웹사이트에서 발견하고 사진작가를 검색하여 정확한 맥락을 파악할 수 있었을 것이다(동영상은 이런 식으로 검색하기가 조금 더 어렵지만 화면을 캡처하여 개별 프레임을 검색할 수 있다).

한층 더 골치 아픈 경우도 있다. 신기술, 특히 머신러닝이라는 인공지능 기술이 발전하면서 컴퓨터가 기존 이미지를 변경하거나 잘못된 맥락에 넣지 않고 새로운 이미지나 동영상을 생산할 수 있게 되었다. 연구자들은 기본적으로 알고리즘이 특정 사물의 사진을 보고 그런 이미지의 새로운 버전을 인식하거나 심지어 직접 만들도록 훈련할 수 있다. 이런 알고리즘 중 일부는 스스로 학습할 수도 있다. 염려스럽게도 이런 노력의 상당 부분이 이미 결실을 맺고 있다. 2019년에 IT 기업 엔비디아의 연구원들은 머신러닝의 일종인 생성적 적대 신경망GAN으로 작업한 결과물을 발표했으며, 실존하지 않는 인물들의 얼굴로 사실적인 사진을 만드는 데 성공했다. 컴퓨터로 생성된 이미지는 선명하고 뚜렷하며 매우 그럴듯해서, 2021년 랭커스터 대학교와 캘리포니아 버클리 대학교 연구원들이 여러 사람에게 실제 인물 사진과 엔비디아의 GAN으로 만든 사진의 신뢰도 평가를 요청했을 때 가짜 사진이 더 높게 평가받았다. 컴퓨터 과학자들은 이제 비슷한 방식으로 텍스트, 오디오, 비디오를 생성하는 알고리즘을 훈련하는 중이다.

컴퓨터로 생성된 이미지는 어떻게 식별할 수 있을까? 캘리포니아 버클리 대학교의 컴퓨터과학자이자 디지털 포렌식 전문가이며 앞에서 언급한 신뢰도 평가 연구에도 참여한 해니 패리드는 해상도와 화질이 가장 중요한 단서라고 말한다. 해상도는 픽셀 수를 의미하며, 픽셀 수가 많을수록 해상도가 높아진다. 화질은 이미지가 상대적으로 깨끗하게 보이는지 혹은 흐릿한지와 관련된다. 밤에 찍은 사진인가? 질감이 거친가? 동영상의 경우 지나치게 압축되어 화면이 튀지는 않는가? 파일의 해상도가 높지만 화질은 나쁠 수도 있고, 반대로 해상도는 낮지만 화질이 좋을 수도 있다. 이미지나 동영상의 해상도와 화질이 모두 양호하다면 믿을 만하다고 패리드는 말한다. "조작하면 무조건 흔적이 남게 마련인데, 이를 숨기는 가장 쉬운 방법은 해상도를 낮추고 요소를 추가하는 것입니다." 이미지의 해상도가 낮거나 화질이 나쁘다면 "가짜일 가능성이 있습니다."

확인해야 할 또 다른 사항은 파일의 메타데이터다. 사진에는 촬영 날짜와 시간, 위치 정보가 포함된 경우가 많다. 메타데이터를 찾는 방법은 작업 도구가 컴퓨터인지 모바일 장치인지, 운영 체제는 무엇인지에 따라 조금씩 다르다. 패리드는 화질이 좋고 해상도가 높으며 촬영 일시와 위치 메타데이터가 있는 사진이라면 "괜찮을 가능성이 높지만" 그래도 방심해서는 안 된다고 지적한다.

패리드에 따르면 아마추어 사진 탐정은 이 정도로 만족하는 것이 좋다. 여기서부터는 사진 분석이 전문적 단계로 진입하기 때문이다. 팩트체커가 그림자가 드리워진 방식이나 파일 크기 또는 기하학적 구조에 따라 사진의 진위를 알아내려고 해 봤자 헛일이다. 인터넷에는 이런 세부 정보를 알려 준다는 서비스가 많지만, 패리드는 이런 서비스를 사용하지 말라고 경고한다. "전부 헛소립니다. 사진을 분석할 수 있다고 주장하는 온갖 해킹 도구가 넘쳐나지만 실제로는 불가능한 일입니다."

● **퀵 가이드: 사진과 영상**
사진이나 영상이 합법적인지 불확실하다면 다음 사항들

을 확인해야 한다.

- 화질
- 해상도
- 메타데이터
- 맥락

사진이나 영상의 화질이 나쁘거나 해상도가 낮은 경우, 또는 둘 다 낮은 경우 가짜일 가능성이 높다. 반대로 메타데이터가 손상되지 않은 고화질·고해상도 사진과 영상은 가짜일 가능성이 적다. 사진이 잘못된 맥락에서 사용되진 않았는지 확인하려면 인터넷의 이미지 역추적 기능을 써 보자(영상의 경우 캡처한 개별 프레임을 사용하자).

가장 좋은 방법은 역시 예전처럼 직접 확인하는 것이다. AI가 점점 더 그럴싸한 이미지를 만들게 된 지금은 더욱 그렇다. 도움을 줄 만한 사람에게 연락하여 사진에 보이는 것을 설명하고, 사진에 관한 기자의 설명이 맞는지 확인하자.

일러스트와 애니메이션

예술 작품은 항상 주관적이지만 논픽션의 경우 현실에 근거해야 한다. 드로잉, 그래픽, 애니메이션이 실제 인물, 동물, 건물, 강이나 바다, 책, 영화, 기계, 나무, 과자 등을 표현해야 하는 경우 그 대상과 비교해 가며 확인한다. 덩굴옻나무 잎이 네 장이 아니라 세 장으로 그려졌는지, 유명인의 초상화에서 실제로 갈색인 눈이 파란색으로 칠해지지 않았는지, 세계에서 가장 빠른 롤러코스터의 구동 장치를 보여 주는 애니메이션이 물리 법칙을 거스르지 않았는지 일일이 확인하자.

인포그래픽

인포그래픽의 품질은 그 기반이 되는 데이터의 품질에 달려 있다. 따라서 원본 데이터가 신뢰할 수 있고 완전한지 확인하는 것이 무엇보다 우선이다. 모든 숫자를 원본 데이터와 대조 확인하고 시각 표현이 논리적으로 이해되는지 확인하자. 원 그래프의 경우 전체 합산이 100퍼센트를 넘으면 안 된다. 상대적인 크기를 표현하는 도형 집합(예를 들어 여러 지역의 인구를 나타내는 여러 개의 원)의 경우 크기 차이가 확실히 드러나는지 자를 꺼내서 재어 보자. 맥주 풍미의 특성을 그래픽으로 분류할 경우 바닐라와 홉을 헷갈리진 않았는지 확인하자.

지도

세계 곳곳의 국경선은 국가가 분리되거나 서로 합병되면서 끊임없이 변화한다. 국가 수조차 혼란스러울 수 있다. 2021년 기준 유엔 회원국은 193개국인 데 비해 미국은 195개국을 인정하고 있으며, 팔레스타인이나 타이완 등 분쟁 지역을 국가로 인정하는 국가들도 있기 때문이다. 주요 언론 매체에서 멀쩡한 국경선을 잘못 표시하는 실수도 드물지 않게 일어난다. CNN은 방송 그래픽에서 런던을 북동쪽으로 190킬로미터쯤 옮겼고, NBC는 뉴햄프셔주를 버몬트주에 합쳐 버렸으며, 폭스 채널은 이라크와 이집트를 바꿔 놓았다. 지도는 항상 안내서나 도감과 같은 종이책, 구글 지도 등 온라인 애플리케이션과 비교해 가며 위치, 철자, 국경선 등을 재확인한다(주의사항: 출판된 지도책이나 기존 애플리케이션에도 오류가 있을 수 있으므로 두 가지 이상의 자료를 참조하는 것이 좋다). 도시 이름과 위치, 주요 강이나 산맥 같은 지리적 표지, 거리나 기타 정보에 관한 기호 설명이나 일러두기도 확인해야 한다. 배치 방향에도 주의하자. 북쪽, 동쪽, 남쪽, 서쪽이 적절한 위치에 있는가? 확실한가? 오래된 지도는 남북이 뒤집혀 실렸을 수도 있다. 맥락을 고려하자.

● **팩트체커처럼 생각하기**

구글 지도에서 어린 시절 살던 집이나 그 밖의 익숙한 주소를 찾아보자. 정확한 위치가 나오는가? 그렇지 않다면 무엇이 잘못된 것일까?

저작권 표시

마지막으로 사진가, 예술가, 연감 등 모든 이미지 저작권자가 정확히 표기되었는지 확인하자. 이미지가 언급된 인물의 저작이 맞는지 제대로 확인하려면 그의 온라인 포트폴리오가 있는지 찾아보고 해당 이미지가 있는지, 또는 거기 올라온 작품이 해당 이미지와 비슷한 스타일인지 확인하자(저작권자 정보는 언론사 내 디자인팀을 통해서 입수할 수도 있을 것이다).

● 팩트체커처럼 생각하기

당신이 잘 아는 주제를 떠올려 보자. 야구를 예로 들어 보
겠다. 구글 이미지에서 '야구 인포그래픽'을 검색해 보자.
검색된 이미지들이 정확해 보이는가? 뭔가 잘못된 것 같
다면 어떤 점을 고쳐야 정확해지겠는가?

구체적 묘사

구체적 묘사가 적은 기사도 있지만, 장문 기사에는 항상 먼지 날리는 교차로나 갓 베어 낸 풀 냄새, 따스한 갈색 눈의 아이와 같은 소재가 등장한다. 또는 기계 내부의 작동을 설명하면서 기계의 반짝이는 표면이나 은은한 진동음을 묘사할 수도 있다.

기자가 취재하면서 찍은 사진이나 동영상, 자세한 메모를 넘겨받는 것이 가장 이상적이다. 그게 아니면 최소한 인터넷에서 찾은 시각적 참고 자료라도. 이런 자료가 없는 경우에도 묘사가 정확한지 확인할 다른 방법이 있다. 장소를 확인하려면 인터넷, 특히 해당 지역 공식 웹사이트에서 사진과 지도를 찾아보자. 특정한 건물이나 교차로에 대해서는 구글 스트리트뷰가 유용하겠지만 색조나 기타 세부 사항은 바뀌었을 수 있다. 지역 도서관 사서에게, 혹은 취재원 인터뷰가 같은 장소에서 이루어졌다면 인터뷰 상대에게 확인을 요청하는 방법도 있다. 기계나 제품의 경우 웹페이지에서 제조사 연락처를 찾는다. 인물의 경우 공식 웹사이트나 온라인 약력을 찾아보고 기사에 포함될 사진을 확인한다. 취재원에게 직접 물어볼 수도 있다(나는 어느 해충 방제 전문가에게 정말로 1999년에 콧수염을 길렀는지 물어본 적이 있다).

● **팩트체커처럼 생각하기**

기사나 책에서 어떤 장소가 묘사될 때 해당 장소에 관해 찾아보고 제대로 묘사되었는지 확인하자. 추가 연습: 당신의 고향이나 그 밖의 잘 아는 장소 묘사를 온라인에서 찾아보자. 해당 묘사가 그곳에 대한 당신의 생각과 부합하는가? 아니라면 글쓴이가 왜 그곳을 당신과 다르게 묘사했다고 생각하는가?

스포츠

스포츠 기사를 팩트체크할 때는 경기에 관해 설명한 글을 읽지 말고 온라인에서 경기 동영상을 찾아보자. 동영상을 시청하며 점수, 움직임, 타이밍 등이 기자의 설명 및 해석과 일치하는지 확인하자(빠른 재생이나 넘겨보기 기능을 사용하여 중요한 장면들만 볼 수도 있다).

● **팩트체커처럼 생각하기**

2006년 8월 20일 자 『뉴욕 타임스』에 실린 데이비드 포스터 월리스의 글 「페더러라는 종교적 경험」Federer as Religious Experience을 읽어 보자. 월리스가 묘사한 로저 페더러의 경기 영상 중 하나를 찾아보자. 월리스가 본 것을 당신도 볼 수 있는가? 점수나 움직임과 같은 단순 사실이 글과 일치하는가?

역사적 사실

역사에는 시간이 지남에 따라 왜곡되는 부분이 있다. 오래전에 어느 번역가가 단어나 문구를 혼동했거나, 숫자나 문자가 바뀌었을 수도 있다. 어느 인용문이 엉뚱한 사람의 말로 기록되었거나 차후에 고쳐진 문장이 더 좋게 들린다는 이유로 계속 인용되어 왔을 수도 있다. 확실하게 알아내는 최선의 방법은 초판본 책이나 편지와 같은 1차 자료를 찾아보는 것이다. 물론 마감일이 촉박한 상황에서는 불가능하겠지만, 일정에 여유가 있다면 이런 팩트체크에 엄청난 시간을 들이게 될 수도 있다. 『내셔널 지오그래픽 매거진』의 리서치 디렉터 앨리스 존스의 이야기를 들어보자.

2011년에 존스는 청소년의 뇌 발달에 관한 기사를 팩트체크하고 있었다. 기자는 셰익스피어의 『겨울 이야기』를 다음과 같이 인용해 놓았다. "열여섯 살에서 스물세 살까지는 사라지거나 잠든 채로 지나가면 좋겠다. 그 시기의 총각들이란 매춘부와 아이를 만들고, 옛 풍속을 그르치고, 도둑질하고, 싸우기만 하니까." 존스가 보기에는 아무래도 인용문이 정확하지 않은 듯했다. 브리태니커 백과사전을 비롯한 여러 사전과 인용문집을 살펴보니 "열여섯 살에서 스물세 살"이 아닌 "열 살에서 스물세 살"로 표기된 경우가 있었다.

결국 존스는 워싱턴DC에 있는 폴저 셰익스피어 도서관에 연락했고, 그곳의 역사가가 원본을 찾아본 결과 "열 살에서 스물세 살"이 맞았다. 아마도 18세기나 19세기에 누군가 이 대사를 바꿨고 그 이후로 계속 잘못 인용된 듯하다(『내셔널 지오그래픽』 기사에는 "열 살에서 스물세 살"로 표기되었다).

시간이 촉박하다면 이처럼 아슬아슬한 팩트체크 곡예를 피할 방법이 있긴 하다. 인용문 전체를 삭제하거나, 확실한 사실로 주장하는 대신 **흔히** 이런 식으로 인용되거나 이 사람 또는 저 사람의 말로 **알려져** 있다고 덧붙이는 것이다. 이상적인 해결책은 아니지만 이런 방법이 필요할 때도 있다.

● 팩트체커처럼 생각하기

다음 역사적 인용문을 확인해 보자. 온라인에서 발견한 자료가 불확실하다면 원서나 편지, 기타 1차 자료를 보유한 도서관이나 다른 기관을 찾아보자(그렇다고 해당 도서관이나 기관에 실제로 전화를 걸진 말자. 이 책을 읽은 사람들이 모두 그렇게 한다면 직원들이 당황할 테니까).

"행실 바른 여성은 역사를 바꾸지 못한다." – 매릴린 먼로
"삶에서 확실한 것은 죽음과 세금뿐이다." – 벤저민 프랭클린
"신은 주사위 놀이를 하지 않는다." – 알베르트 아인슈타인

제품 정보

모든 회사는 자사 제품이 뛰어나지 않더라도 그렇게 보이도록 광고하기 마련이다. 기자가 제품에 관해 기사를 쓸 때 회사 측의 보도 자료를 그대로 갖다 쓰는 경우도 있다. 많은 회사들이 특허받은 제조법, 디자인, 연구 등 제품 정보와 일치하거나 모순될 수 있는 데이터를 보호하기에 제품 정보의 신빙성을 확인하기가 어렵다. 그렇다면 팩트체커는 어떻게 해야 할까?

한 가지 방법은 기사에 기자가 아니라 회사 또는 그 대변인의 주장이 있는지 확인하는 것이다. 이렇게 하면 최소한 정보의 출처는 확실해진다. 또 다른 방법은 전문가를 인터뷰하여 해당 회사의 주장이 성립될 수 있는지 확인하는 것이다(예를 들어 주름 크림의 효과를 측정하려면 피부과 전문의와 피부를 연구하는 생물학자를 인터뷰하되, 그들이 해당 기업이나 경쟁사와 경제적 관계가 없는지 확인한다). 제품 테스트를 실시하는 잡지도 있지만 이는 어디까지나 주관적이라는 점을 명심하자.

어디까지나 희망 사항에 의한 착각, 즉 플라시보 효과 때문에 제품을 긍정적으로 평가할 수도 있다.

제품 정보에 유난히 터무니없는 주장, 즉 기사를 읽고 제품을 사용한 사람이 피해를 입거나 언론사에 소송이 제기될 수 있는 주장이 있다면 이를 반드시 기사에 넣어야 하는지 의문을 제기하자. 체중 감량 약품이나 식이 및 운동 요법 등 건강과 관련된 제품의 경우 이는 특히 중요하다. 기사에 해당 주장을 반드시 넣어야 한다면 제품의 유효성에 적절한 의문을 제기하는 맥락이 있는지 확인하자.

● 퀵 가이드: 애매한 사실

사실을 확인할 수 없거나 마감일이 촉박하여 확인할 시간이 모자란 경우, 그 내용이 기사에 반드시 필요한지 검토해 보자. 그렇게 중요하지 않은 내용이라면 기자나 편집자에게 삭제할 것을 제안하고, 담당자들이 주저한다면 그 내용의 사실성을 한정하는 표현을 추가하자. 예를 들어 의심스러운 역사적 일화를 사실이라고 서술하는 대신 "전설에 따르면"이나 "전해지는 말로는" 등의 표현을 집어넣는 것이 좋다.

일화 자체도 가능하면 1차 자료로 확인하고, 자료를 찾을 수 없거나 자료가 존재하지 않는다면 기사에 해당 일화가 사실이 아닐 수 있다는 단서를 달자. 이런 일화를 굳이 인용할 필요가 없다고 판단된다면 삭제하자고 제안할 수도 있다.

● **팩트체커처럼 생각하기**

텔레비전이나 인터넷 광고를 시청하자. 그 내용을 기사에 포함하기 전에 재확인하고 싶은 주장을 모두 적고, 각 주장 옆에 그 내용을 확인하거나 논박할 수 있는 전문가나 자료 유형을 나열하자.

외국어

리서치 부서에 따라서는 외국어를 구사하는 팩트체커를 채용하기도 한다. 예를 들어 『뉴요커』에는 스페인어와 프랑스어뿐 아니라 아랍어, 독일어, 히브리어, 중국어, 포르투갈어, 러시아어, 우르두어에 능통한 팩트체커들이 있다. 하지만 모든 언론사가 이처럼 광범위한 언어에 대응할 인력을 갖춘 것은 아니다. 그렇다면 외국어로 표기된 정보나 문장을 어떻게 팩트체크할 수 있을까?

먼저 기사의 취재원 중 해당 언어를 구사하는 사람이 있는지, 혹은 인터뷰 과정에서 통역사를 고용했는지 알아보자. 간단한 내용이라면 취재원이나 통역사에게 질문하여 빠르게 확인할 수 있다.

하지만 마땅한 취재원도 통역자도 없는 경우, 혹은 확인해야 할 내용이 민감하거나 기사 관련자의 이익을 위해 왜곡될 수 있는 경우 그 의미를 객관적으로 확인해 줄 제3자를 찾아보자. 대학교의 해당 언어학과나 그 언어를 전공한 교수, 또는 번역 회사에 문의하자.

많은 언어에는 지역별로 고유한 특성이 있다는 데 유의하자. AP 통신에서는 2012년 다양한 스페인어 용법을 소개하는 책을 만들었다. 스페인어 단어는 지역에 따라 의미가 크게 다른 만큼 미국 기자들이 보편적으로 통용되는 단어를 쓰도록 돕겠다는 취지였다.★ 국제 뉴스 기사에서는 보편적 단어를 쓰는 게 최선이겠지만, 작은 마을을 다룬 여행 기사처럼 지역 방언과 표현이 더 적합한 경우도 있을 것이다. 예를 들어 과구아guagua를 시장에 가져간다는 말은 그렇게 말한 사람이 도미니카 공화국에 있는지 칠레에 있는지에 따라 뜻이 완전히 달라질 수 있다.★★

★ 2014년 7월 4일에 NPR 프로그램 『매체에 관하여』(On the media)에서 관련 에피소드를 방송했다. 다음 링크에서 청취할 수 있다. https://www.wnyc.org/story/spanish-ap-style-guide (원주)
★★ guagua는 도미니카공화국에서는 깍지벌레를 뜻하지만 칠레에서는 싸구려 물건을 뜻한다.

외국 매체의 경우

팩트체크 방식은 전 세계는커녕 한 국가 내에서도 통일되어 있지 않다. 따라서 당신이 외국에서 팩트체커로 일할 기회는 거의 없을 것이다(세계적으로 정치 팩트체크 단체가 여럿 생겨나는 추세긴 하지만). 그래도 외국에서 나온 출판물을 읽거나, 인용하거나, 이를 자료로 쓰는 기자와 함께 작업한다면 해당 국가와의 차이를 고려할 필요가 있다. 이런 경우 시간을 내어 해당 출판물과 국가를 조사하고 신뢰할 만한 곳인지 생각해 보자.

검열법이 있는 국가의 신문이나 잡지 또는 국영 방송은 또 다른 차원이다. 이란 작가 살라르 압도는 한 여성과 남성이 미국의 술집에서 만난 기사를 팩트체크한 적이 있다. 압도는 이 내용이 자국의 검열을 통과하지 못하리란 걸 알았기에 만남의 장소를 카페로 바꾸었다. "작가로서 어려운 일은 아니지만, 이런 사소한 일들이 나의 역할에 회의를 느끼게 할 수 있습니다." 그리고 까다로운 문제는 아니더라도 크고 작은 세부 사항이 변경

될 수 있다는 점을 명심해야 한다. 예를 들어 술집을 카페로 바꿔야 한다면 또 어떤 사실들이 바뀔 수 있을까?

'상식'

팩트체커가 기자에게 자료를 요청할 때 듣게 되는 가장 짜증나는 답변은 이것이다. "글쎄요, 그건 그냥 상식인데요." 이 책을 여기까지 읽었다면 아무리 단순한 주장이라도 재확인해야 한다는 점을 숙지했을 것이다. '어머니가 당신을 사랑한다고 말한다면 2차 자료를 확인하라'는 오래된 언론계 격언이 있다(이 농담의 1차 자료를 찾아보라). 아무리 단순한 사실이나 진술이라도 팩트체크 기술을 동원해 확인하자. '미국의 수도는 워싱턴DC다'라는 상식을 예로 들어 보겠다. 당신이 어떻게 이 사실을 알고 있는지 생각해 보자. 아마도 수백 번은 읽거나 들은 사실일 것이다. 이 가상의 팩트체크를 위해 1차 자료를 찾아본다는 것이 어리석게 느껴질 정도로 말이다. 하지만 당신이 1791년의 미국 수도가 언급된 기사를 작업한다고 생각해 보자. 당연히 워싱턴DC일 것이라는 생각에 그냥 지나칠 것인가, 그래도 한 번 더 체크해 보고 당시 미국의 수도가 필라델피아였음을 확인할 것인가?

표제와 기사 제목

편집자와 작가는 신문 표제나 잡지 표지의 기사 제목이
이목을 끌기를 원한다. 잡지를 팔려거나 독자가 인터넷
링크를 클릭하도록 유도하려면 미묘한 뉘앙스나 암시
같은 건 안 된다. 팩트체커라면 아무래도 이처럼 단순화
된 서술에 거부감을 느끼게 마련이다. 완벽한 정확성에
대한 요구와 기사를 홍보해야 하는 언론사의 필요성 사
이에서 균형을 잡기 위해 최선을 다하자. 표제가 출판물
에 장기적으로 해로울 것이라고 판단된다면 신속하게
대안을 제시하자.

● **팩트체커처럼 생각하기**

잡지 서가에서 표지에 적힌 기사 제목들을 훑어보자. 어느
것이 시선을 끄는가? 왜 그럴까? 잡지 한 권을 집어 들고
넘기면서 그 안의 기사 제목들을 살펴보자. 표지에 소개된
기사 중 하나를 골라서 읽어 보자. 표제와 기사 제목이 내
용과 잘 부합하는가? 과장되고 선정적인 표현은 없는가?

있다면 어떻게 고치는 게 좋을까?

_____

익명의 취재원

팩트체크의 기본 원칙은 주제에 관계없이 동일하지만, 폭로성 기사나 논란이 있는 기사라면 더욱 섬세한 접근이 필요할 수 있다. 폭로성 기사의 경우 취재원이 기자에게 정보를 제공하기를 꺼릴 수 있으며, 팩트체커가 내용을 확인하려고 하면 더욱 주저할지 모른다. 정치적 내부 고발자라면 기밀 정보 공개로 소송을 당할 위험이 있기에 특별한 보호가 필요할 수도 있다. 팩트체크 과정에서 취재원을 설득할 마음의 준비를 하고, 취재원에게 연락하기에 **앞서** 취재원이 질문에 답하도록 유도할 방법을 생각해 두자. 익명 보도를 요청한 취재원이 있다면 기자가 팩트체커에게 어떤 사람인지 미리 알려주어야 한다. 기자는 팩트체커에게 익명 처리할 취재원의 이름과 연락처를 제공해야 하며, 기자뿐만 아니라 당신도 취재원이 익명 처리되었는지 끝까지 확인해야 한다.

일반적인 방식으로 공유할 수 없는 민감한 문서를 확인하는 것 또한 까다로운 일이다. 독일 주간지 『슈피겔』의 경우를 예로 들어 보자.『슈피겔』의 테러, 경찰, 정보기관 전문 팩트체커인 베르톨트 홍거는 에드워드 스노든이 기자와 편집자에게 제공한 문서를 참고하여 미국 국가안보국 유출 관련 기사를 확인한 담당자 중 하나였다.『슈피겔』에서는 인터넷에 연결된 컴퓨터로 자료를 복사하지 못하게 했고, 다른 지역에서 전달되는 자료는 인편으로 직접 주고받아야 했다. 홍거에 따르면 "우리는 번역에 특히 주의했습니다. 자료를 인용할 때는 거의 그대로 직역했지요. 내 동료의 표현대로 '벽을 따라갈 때는 엉덩이를 벽에 바싹 붙여야' 하니까요."

민감한 주제

그 외에도 섬세한 접근이 필요한 기사가 있다. 정신적 외상, 학대, 소외 집단, 개인의 정체성 등을 다룬 기사다. 팩트체크는 엄밀하게 이루어져야 하지만, 팩트체커를 비롯한 담당자들은 이런 기사를 쓰고 확인하기 위해 취재원에 연락할 때 주의해야 한다. 모든 기사는 고유하며 개별적으로 접근해야 마땅하나, 캐나다 잡지『더 월러스』의 리서치 책임자이자 칼턴 대학교에서 주최하는 '저널리즘의 미래 이니셔티브'FJI 2021~2022년 상주 기자인 앨리슨 베이커에 따르면 민감한 주제를 다룰 때는 "사전 조사를 최대한 열심히 하는 것"이 핵심이다. "빈 메모장을 들고 가지 마세요. 취재 전에 최대한 많은 정보를 수집해야 합니다." 예를 들어 인터뷰 상대가 자신을 '그들'이라는 대명사로 칭했는데 출판물에서 이를 무시한다면, 해당 취재원과의 관계에 문제가 생길 뿐만 아니라 논바이너리 커뮤니티에 해를 끼칠 수 있다.

『더 월러스』의 전 리서치 책임자이자 FJI 2021~

2022년 상주 기자인 비비안 페어뱅크의 이야기도 들어 보자. 캐나다의 특정 원주민 부족에 관한 기사를 예로 들면, 해당 부족의 명칭은 누구에게 물어보는지에 따라 달라질 가능성이 있다. 연방 정부가 사용하는 명칭과 부족의 자체적 명칭이 다를 수도 있다. 심지어 같은 부족민끼리도 나이, 거주지, 개인적 선호 등에 따라 다르게 대답할 수 있다. "이런 점을 자체 사전 조사로 파악하지 못한 채 부족민에게 그들의 명칭을 확인해 달라고 요청한다면, 상대가 나를 의심하고 불신하게 될 수도 있습니다." (원주민의 명칭이나 단어는 철자법이 다양할 수 있으므로, 페어뱅크는 취재원에게 원하는 표기 방식을 물어 볼 것을 권한다.) 사전 조사를 하지 않을 때 생기는 문제는 취재원과의 거리감뿐만이 아니다. 그의 답변을 제대로 평가하고 맥락을 정확히 파악하여 적당한 후속 질문을 던지지 못할 수도 있다(페어뱅크와 베이커는 소외 집단과 민감한 주제를 다룬 기사의 윤리적 문제와 모범 사례에 주목한 팩트체크 안내서를 공동 집필하기도 했다).

페어뱅크의 또 다른 권고 사항은 취재 초반에 취재원과 팩트체크에 관해 확실히 이야기하라는 것이다. 기자가 취재원과의 최초 인터뷰에서부터 팩트체크 절차를 설명해야 이후에 팩트체커와 똑같은 대화를 반복할 준비가 될 것이다. 취재원이 팩트체크 과정에서 구체적으로 원하는 편의 사항이 있는 경우(팩트체커와 직접 만나서 작업하고 싶다거나, 특정한 성별이나 배경의 팩트체커를 원하거나, 정신적으로 힘들었던 경험을 회상하는 동안 보조 인력이 함께 있어 주었으면 하는지)도 사전에 논의해야 한다. 편집진이 모든 요청을 만족시킬 수는 없겠지만, 그래도 처음부터 모든 사항을 명확히 해 두는 게 좋다. 팩트체커가 취재원과 대화할 준비가 되면 이런 합의사항을 확인하고 필요하다면 수정해야 한다고 베이커는 덧붙인다.

이런 시스템을 갖추지 못한 편집부도 있다. 프리랜서 기자가 취재원에게 미리 팩트체크 절차를 알려 주지 않을 수도 있고, 편집자가 담당자들에게 이런 방식으로 기사를 써 달라고 요청하지 않을 수도 있다. 팩트체커는 민감한 내용이 포함된 기사를 담당할 때마다 편집자와 기자에게 취재원도 팩트체크 절차를 아는지, 취재원에게 연락하기 전에 알아 둘 사항은 없는지 물어 보는 것이 좋다. 페어뱅크는 취재원이 팩트체크를 할 준비가 안 되었다고 판단되면 담당자들이 머리를 맞대고 최선의 방법을 결정하도록 권한다. 예를 들어 기자가 취재원과 이전부터 알고 지낸 사이라면 취재 및 기사 작성을 이미 끝냈더라도 직접 나서서 취재원에게 팩트체커와 전반적 팩트체크 절차를 소개해 주는 것이 합리적일 것이다.

민감한 주제를 다룰 때, 이를테면 취재원이 성폭행 피해자인 경우 질문하는 방식에도 주의해야 한다. 처음부터 심문하듯 '네/아니요' 식으로 딱딱하게 질문하기보다 부드럽게 취재원을 이끌어 가는 것이 좋다. 예를 들어 질문을 시작하기 전에 다음과 같이 말할 수 있다. **이제 폭행에 관해 질문하려고 하는데요, 이야기할 준비가 되셨나요?**

편집부에서 특정한 기사를 어떻게 진행해야 할지 모른다면, 특히 담당자 모두가 해당 기사에서 다룬 집단과 무관하다면 민감도 검토자를 고용하는 것도 좋다. 민감도 검토자는 모욕적인 표현, 잘못된 단어 선택, 편견과 고정관념 등 사실 오류를 유발할 수 있는 모든 내용을 지적해 주며, 의심스럽거나 부정확한 내용을 대체할 새로운 문구를 제안할 수도 있다.

● 팩트체커처럼 생각하기

상대가 대답하기 어려운 질문을 던진 적이 있는가? 만족스러운 대답을 들었는가? 대답을 이끌어 내지 못한 경우 어조와 단어를 바꾸었다면 상황이 달라졌을까? 이제 종이와 연필을 준비하여 당신이 **모르는** 사람에게 대답하기 어려운 질문을 해야 할 경우 구체적으로 어떤 방법을 쓸 것인지 적어 보자.

상충하는 내용

취재원들이 어떤 상황에 관해 상반된 견해나 사실 해석을 들려 줄 수도 있다. 여러 명의 목격자가 한 장면을 서로 전혀 다르게 기억한다면? 같은 분야의 전문가인 두 정치학자가 새로운 연방 정책의 잠재적 영향에 관해 완전히 다른 의견을 제시한다면? 이들이 빠르게 명확한 합의에 이르지 못한다면 당신은 어떻게 해야 할까? 한 가지 방법은 합의가 나지 않았음을 기사에 밝히고 다양한 결론과 맥락을 충분히 담는 것이다. 『와이어드』에서 팩트체커로 일한 과학 및 건강 편집자 케이티 파머에 따르면 "논란거리인 주제도 충분히 기사로 다룰 수 있다고 생각합니다. 항상 단 하나의 진실만을 내세울 필요는 없습니다. 기사에서 어떤 내용을 사실로 제시했는데 다른 여러 사람이 동의하지 않는다면, 그냥 표현을 고치면 됩니다."

민감한 기사에서 두 취재원의 이야기가 상충한다면(예: 경찰에게 피해를 입은 사람의 개인적 설명과 동일한 사건의 공식 보고서) 권력 관계를 고려하자. 권력 관계는 사실을 맥락과 관련지을 때 가장 먼저 고려해야 할 사항이다. 예를 들어 특정 경찰서와 해당 집단의 상호작용에 관한 기록은 어떤가? 관련된 경찰관은 어떤 사람들인가? 해당 상황이 치안에 관한 더 광범위한 논의와 어떻게 연결되는가?

● **팩트체커처럼 생각하기**

논란이 되는 뉴스를 읽거나 시청할 때 작가나 기자가 정보를 어떻게 다루는지 주목하자. 어떤 전문가의 자문을 구하고 어떤 의견을 채용했는가? 논란의 깊이와 맥락을 기사에 충분히 담아 냈다고 생각하는가? 그렇다고/그렇지 않다고 판단한 이유는 무엇인가?

회색 지대

저널리즘의 객관성을 위한 집단적 노력에도 불구하고, 그 어떤 기자나 작가나 프로듀서도 모든 주제에 완전히 객관적일 수는 없다. 이들 모두 자신만의 관점과 경험과 의견을 지닌 인간이기 때문이다. 그렇다면 온전히 사실에 근거하지 않고 추론과 주관적 요소가 가미된 회색 지대를 어떻게 알아볼 수 있을까? 예를 들어 논란을 불러일으킨 새로운 의료 시술을 기자가 직접 체험하고 그 효과를 강력히 주장하며 전적으로 추천하는 기사는 어떻게 팩트체크를 해야 할까? 혹은 인물이나 장면 묘사가 당신이 취재원을 통해 보고 읽고 들은 내용과 일치하지 않아서 더욱 미묘한 회색 지대에 있는 기사는?

회색 지대를 피하는 방법 중 하나는 글에 최대한 많은 뉘앙스를 추가하여 주장하는 내용의 근거가 된 사실을 명시하고 논지를 보충하는 것이다. 예를 들어 의료 시술을 다룬다면 기자의 경험과 관점뿐만 아니라 더 넓은 맥락에서 해당 치료의 효과를 설명하는 과학 논문이나 의료 전문가의 견해도 포함해야 한다는 의미다. 인물이나 장면 묘사에서는 별개의 취재원이 제공한 다른 표현을 포함하거나, 모든 사람이 그 인물이나 장면을 똑같이 보진 않는다는 점을 지적할 수도 있다.

또 다른 선택지는 방어적 표현hedge word을 쓰는 것이다. '그렇다'를 '그럴 것이다'로 바꾸거나 '아마도', '추측건대', '부분적으로' 등의 말을 추가하면 된다. 기자나 편집자는 이런 표현을 싫어하는데 기사에 힘이 빠져 버리니 그럴 만도 하다. 『보그』의 리서치 디렉터였던 제니퍼 콘래드에 따르면 주장을 고수하되 민감한 부분에만 방어적 표현을 쓰는 것이 중요하다. "연구 결과가 결정적이진 않지만 그 의미를 추측할 수 있는 의학 연구에 관해 쓸 때는 이런 표현이 중요할 수 있습니다. 하지만 요리의 90퍼센트를 파란 접시에 담아 내는 새로운 레스토랑의 소개 기사라면 굳이 흰 접시에 나오는 요리도 있다고 명시하는 대신 식사가 파란 접시에 나온다고 말해도 괜찮다고 봅니다."

이상적인 상황이라면 담당자들이 공동으로 명료하고 충실하고 정확한 표현을 찾아낼 것이다. 하지만 항상 그런 것은 아니다. 그러니 주장을 명확히 제기하고, 지금까지 계속 언급했듯 작가 및 편집자와의 대화를 잘 기록해 두는 게 좋다.

● **퀵 가이드: 방어적 표현**

당신이 보기엔 지나치게 과감한 문장을 기자나 편집자가 바꾸려 하지 않을 수도 있다. 이런 상황은 표현을 완곡하게 해 주는 방어적 표현으로 해결할 수 있다. 글에서 주장하는 내용의 위험도가 높을수록 방어적 표현이 중요하다. 또한 마감일이 촉박하고 더 나은 선택지가 없을 때도 요긴하다. 『파퓰러 사이언스』와 『디스커버』의 팩트체커였던 섀넌 팰러스에 따르면 "방어적 표현은 글쓰기의 오차 막대 error bar"다. 방어적 표현의 예를 들어 보자.

- 대략
- ~듯하다
- 아마도
- 주로
- 전반적으로

- 부분적으로
- 어쩌면
- 혹시
- 대체로
- 추측건대

● **팩트체커처럼 생각하기**

전통적으로 각각 좌파 성향과 우파 성향인 간행물에서 이번 주에 일어난 사건의 관련 기사를 찾아보자. 두 간행물이 어떤 사실을 바탕으로 기사를 구성했는지, 기사의 공통점과 차이점은 무엇인지 살펴보자.

법적 위험이 있는 내용

1장에서 설명했듯이 팩트체크를 하는 이유 중 하나는 언론사에 소송이 제기될 수 있는 내용을 잡아내기 위해서다. 팩트체커가 명예훼손, 저작권, 사생활 침해 관련법 전문가가 되어야 하는 건 아니지만, 기본 사항을 숙지하고 이런 범주에 속할 내용이 있는지 주의 깊게 살펴볼 필요가 있다. 의심스러운 기사가 있으면 해당 언론사를 대리하는 변호사에게 보내야 한다.

전국 주간지, 지역 월간지, 뉴스 웹사이트, 팟캐스트, 동영상, 일간 및 주간 신문 등 다양한 언론사를 대리하는 '클래리스 로'의 롭 버치 변호사에 따르면 법적 검토에 팩트체커가 얼마나 관여하는지는 매체마다 다르다. 경우에 따라서는 변호사가 팩트체커와 직접 협력하여 사실과 다른 주장을 조사하기도 하지만, 변호사가 편집자나 기자와 함께 작업하는 경우 팩트체커가 목소리를 내기 어려울 수 있다. 버치는 이렇게 말한다. "특별히 복잡하거나 논쟁의 여지가 있는 글은 기자, 팩트체커,

편집자가 다 함께 통화나 대면 회의로 검토하는 것이 최선입니다." 해당 언론사의 게재 절차를 숙지하고, 법적 위험이 있는 정보를 확인하는 과정에서 당신에게 구체적으로 어떤 역할을 기대하는지 물어보자.

변호사는 검토한 기사를 게재할 경우 어떤 위험을 감수해야 할지 언론사에 알려준다. 기사를 수정할지 아니면 그대로 실을지 결정하는 것은 편집진, 특히 편집장의 몫이다. 『디 애틀랜틱』의 리서치 책임자인 이본 롤츠하우젠은 이렇게 말한다. "언론의 역할은 기삿거리를 발굴하고 책임 있는 저널리즘 기준을 준수하며, 때로는 논쟁적인 세부 사항도 게재하는 것입니다. 증거 자료만 충분하다면 위험성에 관해서는 우리 모두 허심탄회하게 의논할 수 있습니다."

표절과 날조

표절 기사를 게재하기 전에 적발한 언론사는 동료 언론인에게나 대중에게 망신 당할 일을 면하는 셈이다. 2021년에 유명 팩트체크 웹사이트 스놉스Snopes의 공동 설립자인 데이비드 미켈슨이 가명이나 익명으로 여러 기사를 표절했다는 사실이 밝혀졌다. 1990년대 중반부터 온라인의 가짜 뉴스를 체계적으로 반박해 온 스놉스는 아마도 이 분야에서 가장 오래된 웹사이트일 것이다. 표절 논란을 보도한 『버즈피드 뉴스』에 따르면 미켈슨은 "오랫동안 온라인에서 진실의 중재자이자 가짜 뉴스에 맞서 싸우는 보루로 자처해 왔다." 스놉스는 미켈슨의 과실이 드러나기 전부터 정치적으로 공격받아 왔으며, 표절과 가명 사용은 스놉스에 게시된 글들의 신뢰성뿐만 아니라 팩트체크 절차까지 싸잡아 비판할 구실이 되었다.

표절은 팩트체커가 찾아내기 어려운 부분이지만, 기사를 자료와 함께 놓고 읽으면서 적절하지 않은 표현이 있는지 주의 깊게 살펴보자. 처음 읽는 글인데도 묘하게 익숙한 부분이 있다면 잠시 멈춰서 사전 조사를 하며 읽은 글들과 겹치지 않는지 되돌아보자. 또한 기사의 나머지 부분과 어조가 다른 부분에도 유의하자. 이는 해당 부분을 다른 글에서 가져왔다는 단서일 수 있다.

인터넷이 고도로 발달하면서 더 쉬운 확인법도 생겼다. 온라인 표절 검사 사이트에 기사를 복사하여 붙여넣는 것이다. 그래머리Grammarly 등 유료 서비스부터 듀플리체커Duplichecker 등 무료 서비스까지 선택지가 다양하다. 이런 웹사이트는 보통 표절이 의심되는 부분에 표시하고 원본일 수 있는 출처를 표시해 준다(웹사이트가 틀렸을 가능성도 있으니 편집자에게 알리기 전에 표시된 부분이 정말 표절인지 확인하자).

날조 역시 기자가 자신의 거짓말을 얼마나 열심히 감추는지에 따라 발견하기 어려울 수 있다. 1990년대 중후반 『뉴 리퍼블릭』에 기고한 거의 모든 기사의 (정도 차이는 있지만) 증거 자료를 꾸며 낸 스티븐 글래스가 팩트체커들을 속일 수 있었던 것은 한때 해당 잡지의 팩트체크 팀장이었던 그가 팩트체크 작업 방식을 잘 알았기 때문이다. 게다가 인터넷 검색 기능이 지금처럼 발달하지 않았던 시기였기에 그는 취재원과 사건, 증거 자료를 위조할 수 있었다. 글래스는 가짜 인물, 대화, 음성 메시지, 명함까지 만들어 냈다. 팩트체커들은 그의 주도면밀함에 넘어가 기사에서 수상한 점을 발견하지 못했다.★

2018년에는 작가이자 편집자인 클라스 렐로티우스가 독일 『슈피겔』에서 비슷한 일을 저지른 것으로 밝혀졌다. 렐로티우스는 이 잡지사에서 7년간 근무했으며 여러 차례 저널리즘 상을 수상한 경력이 있었다. 하지만 알고 보니 그는 인용문을 윤색하거나 마음대로 고쳤을 뿐만 아니라 인터뷰한 적도 없는 사람의 말을 인용하는 등 기사 내용을 날조하기도 했다. 이 사건의 더욱 놀라운 점은 『슈피겔』에 세계적으로 유명한 팩트체크 팀이 있다는 것이다. 이곳에서 일하는 팩트체커는 한때 70명에 이르렀고, 그중 상당수는 박사학위가 있거나 기타 전문 교육을 수료했다. 하지만 이들이 렐로티우스의 모든 기사를 재확인하진 않았으며, 오랫동안 『슈피겔』에서 팩트체커로 일한 베르톨트 홍거에 따르면 렐로티우스

★ 결국 글래스는 언론계 블랙리스트에 올랐다. 직업을 바꾸고 로스쿨에 진학하여 뉴욕과 캘리포니아 주에서 변호사 시험에 합격한 후에도 그는 악명을 떨쳐 내지 못했다. 뉴욕 변호사협회에 도덕성 시험 신청서를 보냈지만 거절 통보를 받고 철회했으며, 캘리포니아에서는 사실상 변호사 활동이 금지되었다. (원주)

의 기사는 통상적인 팩트체크 절차를 거치지 않을 때도 있었다고 한다. 『슈피겔』의 기사 대부분은 해당 분야 전문가가 팩트체크를 한다. 예를 들어 독일의 우익 정당에 관한 기사는 극단주의나 정당 전문가가 담당하는 식이다. 하지만 렐로티우스의 기사는 그가 기사에서 다룬 온갖 주제를 전문적으로 확인할 수 없는 팩트체커에게 맡겨지곤 했다. 훙거는 또한 『슈피겔』 임원들이 렐로티우스가 쓰는 종류의 기사를 원했다고 지적한다. 그의 기사가 동료 기자 및 독자들에게도 인기 있었던 걸 보면 그들 역시 마찬가지였던 듯하다. 렐로티우스는 사람들의 열광에 부담을 느꼈던 것 같다. 관련 보도에 따르면 그는 자백 과정에서 이렇게 말했다. "계속 대박 기사를 터뜨리고 싶어서 그런 게 아니에요. 실패가 두려워서였어요. 내가 성공할수록 점점 더 실패해선 안 된다는 압박감이 커졌어요." (글래스와 렐로티우스가 모두 소속 언론사의 슈퍼스타였으며 그 명성을 방패로 삼았다는 점에 주목하자. 훌륭한 팩트체커라면 아무리 유명한 기자의 작품이라도 사려 깊되 거리낌 없이 오류를 지적할 수 있어야 한다.)

1인극 배우이자 작가인 마이크 데이지의 사례도 있

다. 그의 유명한 1인극 가운데는 중국 여행에서 목격한 아이폰 및 기타 전자제품 공장의 끔찍한 작업 환경을 회상하는 내용이 있다. 2012년 데이지는 라디오 프로그램 『디스 아메리칸 라이프』에서 이 1인극을 공연했다. 방송 이후에 데이지가 방문한 공장의 수와 노동자들의 나이를 과장했으며 일부 내용은 완전히 지어 냈을 수도 있다는 사실이 확인되었다. 나중에 『디스 아메리칸 라이프』가 데이지의 통역자를 인터뷰하고 통역자와 데이지의 이야기가 서로 다르다는 점에 주목하면서 밝혀진 사실이었다. 『디스 아메리칸 라이프』는 데이지가 출연한 회차를 내리고 그 대신 진실이 어떻게 밝혀졌는지 알리는 회차를 올렸다. 도입부에서 진행자인 아이러 글래스(스티븐 글래스와는 아무 관계도 없다)는 이렇게 말한다. "그의 이야기에서 특히 강렬하고 인상적인 부분은 전부 날조였던 듯합니다."

이 회차 후반부에서 글래스는 어색한 침묵 속에 데이지와 직접 대면한다. 글래스가 원작의 부정확한 부분을 구체적으로 열거하자 데이지는 이렇게 대답한다. "나는 연극으로서 이 작품이 가치가 있다고 믿습니다. 사람들이 그곳에서 벌어지는 상황을 알고 관심을 갖게 하는 유의미한 방식이라고 생각하고요. 극장에서 이 작품이 갖는 의의가 있다고 보며, 이 작품이 당신의 프로그램에서 이렇게 취급받는 것이 매우 유감스럽습니다."

"극장에서 이 작품이 홍보되는 방식을 바꾸실 건가요? 이 작품이 엄밀한 진실만을 다루는 게 아니라 사실적 요소가 일부 포함된 허구임을 관객들이 알 수 있게 말입니다." 글래스가 묻는다.

"글쎄요, 이 작품이 연극적 맥락에서 진실이 아니라고 말할 수 있을지 모르겠습니다. 연극적 맥락에서, 즉 내가 이 작품을 극장에서 공연하고 사람들이 내 이야기를 들을 때 진실의 의미는 당신이 말하는 것과 다를 수 있다고 생각합니다." 데이지가 대답한다.

"당신 스스로 그렇게 믿는다는 것은 이해하지만, 그렇게 말하는 건 기만이죠. 누군가의 이야기를 들으러 온 사람들은 보통 그 이야기를 완전한 진실로 받아들이게 마련입니다. 나도 극장에서 당신 연극을 보았을 땐 진실이라고 생각했거든요." 글래스는 말한다.

이 대화는 모든 논픽션 독자와 관객이 숙지해야 할 사실과 진실의 궁극적 차이를 보여 준다. 우리는 흔히 진실은 사실에만 근거해야 한다고 생각하지만, 데이지

외에도 많은 창작자들이 자기 고유의 '진실'을 추구한다. 영화감독 베르너 헤어조크는 2007년 『뉴욕 타임스』 인터뷰에서 그의 몇몇 다큐멘터리가 사실을 마음대로 해석했다는 의혹에 관해 질문을 받는다. 그는 더 깊은 진실을 추구하다 보면 새로운 것을 깨닫게 마련이라고 대답한다. "순전한 사실만을 추구한다면 맨해튼의 전화번호부를 사서 보십시오. 4백만 배는 더 정확한 사실을 담고 있을 테니까요. 하지만 전화번호부는 깨달음을 주지 못합니다."

사실이 아니라 주관에 근거하여 고유의 진실을 추구하는 사람과는 논쟁하기가 어렵다. 마찬가지로 팩트체커를 속이려고 작정한 사람을 잡아내기도 거의 불가능할 수 있다. 그럼에도 불구하고 날조된 내용이 인쇄되거나 방송에 나가기 전에 이를 발견할 방법이 하나 있다. 바로 스스로 생각해보는 것이다. 이 이야기가 사실이라기에는 너무 그럴싸하게 들리지 않는가? 그렇게 느껴진다면 더욱 신중하고 회의적인 태도를 취해야 한다.

5장

**자료별
팩트체크 활용**

팩트체크가 의미 있으려면 기사를 확실한 자료와 대조 확인해야 한다. 다른 사람의 글을 팩트체크하는 경우 글 쓴이가 글 전체, 적어도 대부분에 대한 참고 자료를 제 공하는 것이 최선이다(하지만 이런 경우는 비교적 드물 다). 팩트체커는 기자가 제공한 자료의 품질을 평가해 야 하며 이는 팩트체커의 경험과 통찰에 달려 있다. 원 본 자료가 질적으로나 양적으로 부족한 경우 두 가지 선 택지가 있다. 기자가 더 나은 자료를 가져올 때까지 귀 찮게 굴거나(인터뷰 녹취록처럼 당신이 직접 확보하기 어려운 자료라면 다른 방법이 없다), 팩트체커 본인이 직접 자료를 찾아 나서야 한다.

기자의 자료를 평가하는 입장이든 직접 자료를 찾 는 입장이든, 1차 자료와 2차 자료를 잘 구분하고 가능한 1차 자료를 사용하자. 1차 자료를 정보의 원천이자 원 자재로 삼아야 한다. 목격자 보고서, 공문서, 일기, 편지 와 메일, 사진, 인터뷰, 연설문, 음성 및 영상 기록, 당대의 역사 기록 등이 1차 자료에 해당한다.

2차 자료는 전기나 백과사전처럼 1차 자료를 어떤 식으로든 해석하거나 요약한 것이다. 기자가 2차 자료에 의존한 경우 관련된 1차 자료를 찾아서 정보가 손실되지 않았는지 확인한다. 예를 들어 전기에 편지가 인용된 경우 해당 문서를 소장한 기관(박물관 등)에 연락하자. 그럴 수 없는 경우에는 해당 전기가 신뢰할 만한지 스스로 평가해 보자. 2차 자료를 다루는 또 다른 방법은 기사에 참고 자료를 명시하여 그 정보를 독자와 공유하는 것이다. 예를 들어 전기 내용을 사실이라고 단언하는 대신 "월터 아이작슨의 스티브 잡스 전기에 따르면……"이라는 식으로 덧붙이는 식이다.

하지만 1차 자료라고 무조건 양질이거나 믿을 만한 것은 아니며, 2차 자료도 매우 정밀할 수 있다는 데 유의하자. 1차 자료의 경우 전문가의 관점에 영향을 미치는 재정적 이해관계가 있거나, 범죄 목격자가 세부 사항을 온전히 기억하지 못하거나, 여론조사가 조잡하게 시행되었을 수도 있다. 양질의 2차 자료로는 여러 원본 연구를 과학적으로 비교한 분석(일명 메타 분석), 참고한 자료와 맥락이 꼼꼼히 정리된 전기, 기록 보관소에서 찾은 문서 원본과 관련된 일화를 전하는 역사학자의 기록 등이 있을 것이다. 또한 1차 자료도 사용 방법에 따라 2차 자료일 수 있다는 데 유의하자. 예를 들어 신문 기사를 특정 사건이 언론에 보도되었다는 증거로 사용한다면 1차 자료가 될 것이고, 통계를 확인하기 위해 사용한다면 2차 자료가 될 것이다.

이제부터는 팩트체커로서 가장 자주 접하게 될 자료 유형들을 살펴보겠다. 1차와 2차를 모두 아우르는 항목도 있다. 예를 들어 '사람' 항목에서 어떤 사건을 직접 경험하거나 목격한 사람은 1차 취재원이지만 그 사건에 관해 글을 쓴 기자는 2차 취재원이다. 인터넷에서는 1차 자료(인터뷰 동영상, 공문서 등)와 2차 자료(논평, 리뷰 등)를 모두 찾을 수 있다.

● **퀵 가이드: 1차 자료와 2차 자료**

1차 자료는 어떤 사실의 출처에 가장 가까운 자료다. 목격자 보고서, 서신, 자서전, 일기, 인터뷰 및 연설문, 음성 및 영상 기록, 공문서(청문회, 재판 등), 사진, 설문조사, 여론조사, 과학 실험 보고서, 신문 및 온라인 매체 등이다.

2차 자료는 1차 자료를 한 번이나 그 이상 옮기거나 요약한 자료다. 잡지, 역사책, 전기, 백과사전, 비평, 검토서, 과학 논문 리뷰 및 메타 분석, 신문 및 온라인 매체 등이다.

주의사항: 질이 낮고 신뢰도가 떨어져서 추가 자료가 필요한 1차 자료가 있는가 하면, 정확하고 빈틈없는 2차 자료도 있다. 1차 자료가 상황에 따라 2차 자료로 사용될 수도 있다. 위의 목록에서 신문 및 온라인 매체가 두 항목에 모두 포함된다는 점에 유의하자. 어떤 뉴스 기사가 1차 자료인지 2차 자료인지는 기사 유형(뉴스인지 사설인지)과 신문의 신뢰도, 자료의 용도 등에 달려 있다. 이 책 1장의 52페이지, 추수감사절 기간 비행기에서 가상의 여성과 싸운 엘런 게일을 떠올려 보자. 나는 이 사건에 관해 대체로 온라인 매체의 뉴스를 인용했다. 내가 이 사건을 통해 말하고 싶었던 요점이 해당 매체가 거짓을 진실로 보도했다는 것이기 때문이다.

취재원

팩트체커는 작업 과정에서 목격자, 전문가, 대변인, 익명의 취재원 등 다양한 사람들과 대화하게 된다. 그들 각각에 관해 심사숙고해 보자. 그들이 진실을 말하는지 어떻게 알 수 있을까? 그들이 사실을 과장하거나 나아가 거짓말을 함으로써 얻을 이득이 있는가? 기억이 불확실할 가능성은 없는가? 그들과 해당 기사 혹은 정보의 관계는 무엇인가? 다시 말해 그들이 안다고 주장하는 것을 정말로 알 만한 위치에 있는가?

그렇다고 취재원 하나하나에게 전화를 걸어 윽박지르며 진실을 캐내야 한다는 것은 아니다. 오히려 취재원에게는 상냥하고 요령 있게 접근해야 한다(이에 관해서는 뒷장에서 자세히 설명하겠다). 다만 그들에 관해 조사하고, 그들이 정말로 전문가인지 파악하고, 그들의 진술이 사실이거나 적어도 충분한 맥락을 갖추었는지 다른 취재원을 통해 확인해야 할지 고민해야 한다는 의미다.

예를 들어 목격자가 사건을 자신이 생각하는 것만큼 뚜렷이 기억하지 못할 수도 있다. 그 자리에 다른 사람들도 함께 있었는가? 목격자의 진술을 확인하기 위해 그들과 대화할 수 있는가? 현장을 정확히 보여 줄 사진이나 동영상은 없는가?

학자나 기타 전문가의 경우 자격증을 확인하자. 해당 학교가 정식으로 인가를 받았는가? 해당 전문가의 경력에 논란의 여지는 없는가? 논란의 여지가 있는 견해를 기사에 넣으려면 맥락을 잘 따져 봐야 한다. 예를 들어 백신 접종에 반대하는 의사와 기후 변화에 회의적인 과학자를 찾을 수도 있겠지만, 백신은 대체로 안전하고 효과적이며 기후 변화가 실제로 일어나고 있다는 것은 과학적으로 명백히 합의된 사실이다. 설사 기자가 반대 의견을 제시하더라도 그의 의견이 해당 분야 전체를 대변해서는 안 되며, 합의된 상식과 대등하게 취급되어서도 안 된다. 저널리즘은 대체로 상충하는 견해를 균형 있게 다루어야 하지만, 과학 저널리즘은 이와 달리 과학적 증거에 무게를 두어야 한다. 대표적인 예로, 지구의 모양에 관해 기사를 쓴다고 가정해 보자. 행성학자의 말을 국제지평설연구★학회장의 말과 동등한 분량으로 인

★ 우리가 사는 지구가 둥근 것이 아니라 평평하다고 주장하는 인터넷 기반의 유사과학 단체.

용한다면 독자에게 부당한 처사일 것이다. 과학이나 연구가 아니라 정치적 이유로 논란이 된 주제에 관한 비주류 학자의 의견도 마찬가지다.

대변인들은 많은 정보를 제공해 주긴 하지만 결국 그들의 임무란 고객을 좋게 포장하는 것임을 명심하자. 대변인에게 제품의 작동 방식이나 유명인의 근황, 단체가 수행하는 중요하고 의미 있는 일에 관해 들었다면 해당 정보를 확인할 다른 자료도 찾아보자. 대변인이나 홍보 담당자가 잘못된 정보를 제공했을 가능성도 고려하자. 『인스타일』을 비롯한 여러 매체의 팩트체커로 일한 대니얼 에미그는 옷에 관한 기사를 작성하며 홍보 담당자에게 어떤 셔츠의 소재가 무엇인지 물었다가 깅엄 원단이라는 대답을 들었다. 알고 보니 깅엄이란 그 셔츠의 **패턴**, 즉 푸른색과 흰색(경우에 따라서는 다른 색일 수도 있다) 격자무늬를 뜻했다. **원단**, 즉 셔츠의 소재는 폴리에스테르와 면 혼방이었다.

익명의 취재원

기자가 익명의 취재원을 인용한 경우 팩트체커에게 취재원과 연락할 수 있도록 전화번호나 메일 등의 정보를 제공해야 한다. 기자는 또한 취재원에게 차후에 팩트체커가 연락할 수 있다는 점을 미리 알려 주어야 한다. 기자가 이 절차를 이행했는지 확인해 보고, 그러지 않았다면 취재원을 직접 소개해 줄 수 있는지 물어보자.

익명의 취재원이 제공한 정보를 다른 취재원을 통해 재확인하지 않고 그대로 받아들이면 위험할 수 있다. 그가 익명을 선택한 이유가 무엇인지, 이름을 숨겨 얻을 이득이 있는지 생각해 보자. 이름을 밝히면 폭력을 당하거나 일자리가 위태로워지는 등 피해를 입을 수 있는가? 어쩌면 익명성을 악용해 타인을 중상하고 그 책임을 회피하려는 것은 아닐까? 당연히 이 단계까지 오기 전에 기자와 편집자가 익명의 취재원을 평가했겠지만, 당신이 보기에 취재원의 신뢰도나 그의 주장을 확인하기 어렵다면 편집자와 기자 중 더 편안한 상대에게 요령 있게 우려를 전달하자.

단일 취재원

기사의 일부가 단일 취재원에 의존하는 경우 반드시 외부 자료로 해당 내용을 확인해야 한다. 『아웃사이드』의 리서치 에디터였던 라이언 크로그의 사례를 들어 보자. 2007년 크로그는 프랑스령 기아나의 아마존에서 51일 동안 길을 잃고 헤맨 두 프랑스인 탐험가의 진술에 의거해 1인칭으로 작성된 생존기를 팩트체크하게 되었다. 그들은 살아남기 위해 온갖 것을 다 먹어야 했고, 그중에서도 털투성이 거미 타란툴라는 독이 다 빠질 때까지 바싹 익혀야 했다고 주장했다. 기사에는 거미를 충분히 익히지 않았다가 독이 올라 죽도록 앓았던 끔찍한 일화도 포함되었다. 크로그가 미국 자연사박물관의 거미 전문가에게 확인해 보니 그들이 아팠던 것은 독이 아니라 거미의 꺼칠꺼칠한 털 때문일 것이라는 대답이 돌아왔다. 이 지역 원주민들은 종종 거미를 먹지만 털을 태워서 제거하기 때문에 별문제가 없다는 것이었다. 하지만 해당 기사는 취재원의 진술을 그대로 옮긴 것이었기에, 편집자들은 원문은 그대로 두고 탐험가들이 앓은 진짜 원인(으로 추정되는 내용)을 추가했다.

단일 취재원에 의존했다가는 대형 사고가 터질 가

능성이 있다.『롤링스톤』의 악명 높은 사례가 교훈을 준다.『롤링스톤』은 2014년 11월에「캠퍼스 내 강간」이라는 특집 기사를 게재했다. 버지니아 대학교 사교클럽 파티에서 집단 강간을 당했다는 재키(성 없이 애칭만 썼다)라는 젊은 여성에 초점을 맞춘 기사였다. 사브리나 루빈 어들리가 쓴 이 생생하고 충격적인 기사는 온라인에서 큰 화제가 되었다. 얼마 지나지 않아 독자들과 다른 언론인들이 기사의 정확성에 의문을 제기했고, 12월에는『롤링스톤』웹사이트에 기사 일부를 철회하는 정정 보도가 올라왔다. 결국『롤링스톤』은『컬럼비아 저널리즘 리뷰』Columbia Journalism Review에 단독 조사를 요청했으며, 그 결과물인 CJR 보고서는 "저널리즘의 실패에 관한 걸작 저널리즘"이라는 평가를 받았다.

　　보고서에 따르면 어들리의 기사는 무엇보다도 기사 대부분을 재키에게 의존했다는 문제가 있었다. 재키의 진술만을 기반으로 세 남성의 대화를 재구성했고, 그들에게 직접 연락해서 대화 내용을 확인하는 절차도 없었다. 어들리는 강간의 주범으로 지목된 남학생(기사에서는 드루라는 가명으로 언급되었다)이 실존하는지, 재키가 강간당했다는 파티가 실제로 기사에 언급된 날짜와 장소에서 일어났는지도 확인하지 않았다. 이 모든 주장이 면밀한 조사로 입증되지 않은 채 기사에 실렸다. 보고서에 따르면 "『롤링스톤』이 무시한, 혹은 불필요한 보도 관행이라는 구실로 넘어간 절차를 제대로 따랐더라면 편집자들은 재키의 진술에 의존하기는커녕 그 전체를 삭제했을 것이다."

　팩트체크 팀의 작업은 조직이 허용하는 한에서만 이루어질 수 있다. 엄밀한 팩트체크를 위해서는 조직의 지원과 독립적인 권한이 필요하다. CJR 보고서에 따르면 당시 『롤링스톤』의 팩트체크 책임자였던 코코 맥퍼슨은 어들리의 기사를 팩트체크했을 때 세 남성에게 연락하지 않은 것이 "나보다 직급이 높은 편집자들의 결정"이었다고 말했다. 이 실수로 인해 잡지사는 큰 대가를 치러야 했다. 버지니아 대학교 부학과장은 『롤링스톤』을 발행하는 웨너 사와 어들리를 고소했다. 배심원단은 어들리와 출판사가 각각 100만 달러씩 총 200만 달러를 부학과장에게 배상하라고 판결했지만, 최종적으로는 미공개 액수로 합의가 이루어졌다. 사교클럽 지부는 『롤링스톤』에 2500만 달러의 소송을 제기했으나 차후 165만 달러에 합의한 것으로 알려졌다. 사교클럽 개인 회원들도 명예훼손으로 소송을 제기했지만 2016년 판사에 의해 기각되었다. 그중 일부는 2017년에 항소했고 그해 말 미공개 액수로 합의했다고 전해진다.

물론 시간과 인력의 한계로 모든 취재원을 면밀히 조사하기 어려울 때도 있다. 어느 시점에서는 기자와 팩트체커 모두가 기사의 정확성을 확보할 만큼 충분한 수의 적당한 사람들을 취재했다는 판단을 내려야 한다. 그래도 팩트체크를 할 때마다 취재원의 진술이 부정확하거나 완전히 거짓일 가능성을 생각해야 한다. 어떤 이야기가 사실이라기에는 너무 그럴싸하거나 단 한 사람의 관점에서만 서술되었다면 허점이 있을지도 모른다. 항상 그런 것은 아니지만 편집자에게 의문을 제기해서 나쁠 것은 없다.

출처 표시

팩트체커는 취재원의 신뢰도를 평가할 뿐만 아니라 기자가 출처 표시와 관련하여 취재원과 어떻게 합의했는지도 고려해야 한다. 이런 합의는 인터뷰 전에 끝내는 게 좋지만 인터뷰 도중에 이루어질 수도 있다. 합의 사항에는 인터뷰 내용의 사용 방식뿐만 아니라 취재원을 직접 인용하거나 기사에 밝힐 수 있는지도 포함되어야 한다. 팩트체크 절차를 시작할 때 기자가 팩트체커에게 합의 사항을 전달하는 것이 최선이며, 여의치 않은 경우 취재원과의 인터뷰 기록이나 메일을 통해 확인할 수도 있다. 경우에 따라서는 기자를 채근해 합의 사항을 알아 내야 할지도 모른다.

다음의 출처 표시 정의는 뉴욕대학교에서 펴낸 『학생을 위한 NYU 저널리즘 입문서: 윤리, 법률 및 모범 사례』NYU Journalism Handbook for Students: Ethics, Law and Good Practice에서 발췌한 것이다.

• 보도용 정보On the record: 취재원이 말한 모든 정보는 게재 또는 방송할 수 있으며 취재원을 명시해야 한다. 이는 모든 인터뷰의 기본 전제이므로 사전에 다르게 합의하지 않는 이상 모든 대화 내용을 발행하고 취재원을 밝힐 수 있다.

• 배경 정보On background: 정보를 사용할 수 있지만 취재원의 신원은 밝힐 수 없다. 이를 택하는 취재원은 민감한 정보를 제공하는 경우가 많으므로 다른 경로로 내용을 확인해 보는 것이 좋다.

• 익명 정보Not for attribution: 정보를 사용할 수 있지만 취재원의 이름은 밝힐 수 없다. 취재원의 직업이나 직책은 언급할 수 있으며 상세한 내용은 취재원과 합의해야 한다.

• 비보도용 정보Off the record: 정보를 사용할 수 없고 취재원을 밝힐 수도 없지만, 기자가 다른 취재원을 통해 확인한 경우 해당 정보를 사용할 수 있다(그래도 원래 취재원은 밝힐 수 없다). 취재원이 어떤 정보를 제공하고 싶지만 그것이 게재되지 않았으면 하는 경우, 보도용 인터뷰가 도중에 비보도용으로 전환될 수도 있다. 이런 경우 기자와 취재원 모두 해당 정보가 비보도로 유지된다는 데 동의해야 한다. 기자가 이에 동의하지 않았는데도 취재원이 계속 이야기한다면 법적으로는 보도해도 문제없다. 양측 모두 오프 더 레코드에 동의한 경우 기자는 인터뷰의 민감한 부분이 끝나자마자 온 더 레코드로 돌아가자고 요청해야 한다. 그러지 않으면 취재원이 말한 다른 모든 내용도 오프 더 레코드가 될 수 있다. 또한 기자는 어느 부분이 보도용이고 어느 부분이 비보도용인지 녹취록이나 메모에 명시해야 한다.

NYU 입문서에서 지적했듯이 취재원뿐만 아니라 언론인도 이런 개념 차이를 제대로 이해하지 못하는 경우가 있다. 특히 익명 정보와 배경 정보와 비보도용 정보는 서로 구분하기 어려울 수 있다. 취재원이 정치인이나 홍보 담당자처럼 대중 매체에 정통한 인물인지, 아니면 언론과의 접촉 경험이 거의 혹은 전혀 없는 순진한 사람인지도 고려해야 한다. 후자의 경우 용어를 이해하는 데 많은 설명이 필요할 수 있다. 취재원이 누구든 기자와 명확하게 합의했는지 확인하고, 취재원이 출처 표시와 관련된 오해로 진술을 철회하려고 하면 편집자에게 알려야 한다.

취재원과의 관계

여기서 짚고 갈 점이 있다. 취재원과의 관계 탐색은 편집자 및 기자와의 작업만큼이나 까다로울 수 있다. 『뉴요커』의 팩트체크 책임자였던 피터 캔비는 취재원을 대하는 일이 "통제하에 연속 폭발을 일으키는 것과 같다"고 말한다. 취재원에게 좋은 소식을 전할 수도 있고 나쁜 소식을 전할 수도 있는데, 후자라면 기사가 게재되기 전에 미리 수습을 해 두는 게 좋다.

팩트체커는 불미스러운 사실을 부인하려 드는 정치인부터 고통스러운 기억을 떠올리길 거부하는 범죄 피해자까지 온갖 인간 군상을 상대해야 할 것이다. 정치인은 더 단호하게 대하고 범죄 피해자에게는 더 연민을 보여야 하겠지만, 팩트체크에 협조하는 것이 그들로서도 최선임을 매번 성심성의껏 설득해야 한다. 취재원에게 팩트체크는 기사에 참여할 수 있는 마지막 기회이기도 하다. 인터뷰 경험이 있는 취재원이라면 팩트체크 절차를 알 수도 있지만 그렇지 않은 취재원은 당신의 의도를 이해하지 못할 수 있다. 당신의 역할이 무엇이며 어째서 그가 이미 대답한 질문을 되풀이하는지 명확하고 친절하게 설명해야 한다. 취재원과의 대화를 녹음하기로 결정했다면 최대한 요령 있고 분명하게 허락을 구하자. 대화를 제대로 기록하고 싶지만 손이 느려서 모든 내용을 놓치지 않고 타이핑하거나 받아 적기 어렵다고 말해도 좋겠다.

당신의 질문이 맥락에서 벗어난 것처럼 보일 수도 있을 텐데(실제로 종종 그렇게 된다) 취재원이 질문 내용을 이해하지 못하는 경우 최대한 맥락을 설명하도록 노력하겠다고 일러두는 것도 좋다. 취재원과 대화할 때는 언제나 가장 쉬운 질문에서 시작하여 점점 더 민감하거나 논란이 될 수 있는 질문으로 나아가자. 이렇게 하면 적어도 인터뷰 과정에서는 우호적인 분위기를 유지할 수 있고, 설사 취재원이 민감한 질문에 화가 나서 인터뷰를 중단하더라도 나머지 질문에 대한 답변은 확보하는 셈이다(기자와 직접 소통하는 팩트체커라면 까다로운 취재원이 있는지 미리 물어봐서 전화나 영상 통화 전에 정신적으로 대비할 수 있다).

취재원이 팩트체크에 응하기보다 기사를 직접 읽어 보겠다고 요청할 수도 있다. 이는 거의 모든 언론사에서 금지된 사항이다. 취재원에게 최종 기사의 편집권을 부여하는 셈이 되기 때문이다. 취재원이 기사 초고 전체를 보여 달라고 하면 그랬다간 당신이 잘릴 수도 있다며 정중하게 거절하고 팩트체크를 진행하자(팩트체크 절차에 관해서도 설명하고, 기사에서 사실과 직접 관련되지 않은 부분을 수정해 달라고 요구하는 취재원들이 있어서 게재 이전의 원고는 유출하지 않는 것이 원칙이라고 이야기하자). 사실 관계 오류가 없는데도 취재원이 특정한 표현이나 단어를 바꾸길 원할 수도 있다. 지킬 수 없을 약속은 하지 말고, 최종 결정권은 편집자

에게 있으니 취재원의 요청 사항을 전달하겠다고 말해
두자. 기사에 큰 영향이 없는 부분이라면 편집자가 흔쾌
히 바꿔 줄 수도 있으며, 그렇게 되면 모두가 만족할 것
이다.

　　너무 많은 질문, 구글 검색으로도 알 수 있는 기본
적인 질문 등은 취재원의 심기를 거스를 수 있다. 충분
히 다른 경로로 알아볼 수 있는 내용을 굳이 물어보는
것은 언론사의 요구에 따라 취재원에게 직접 확인해야
해서라고 미리 설명하는 게 좋다. 취재원이 이런 질문에
기꺼이 대답하도록 최대한 정중하고 공감적인 태도를
취한다(유명 인사 취재 참고사항: 어느 유명 잡지의 팩
트체커에 따르면 홍보 담당자가 위키피디아에 작성된
고객 정보를 관리하는 경우가 많다고 한다. 그러니 위키
피디아로 팩트체크를 하려면 조심하고, 이런 경우가 의
심된다면 다른 경로로 정보를 확인하자).

　　기자는 보통 취재원의 최신 연락처를 가지고 있지
만, 기자가 취재원과 연락한 지 몇 달 또는 몇 년이 지나
서야 기사가 게재되는 경우도 있다. 이런 경우 팩트체커
가 직접 취재원을 추적해야 할지도 모른다. 오늘날의 초
연결 사회에서 그리 어려운 일은 아니다. 전화번호를 몰

라도 메일 주소와 페이스북, 트위터, 인스타그램 등 소셜미디어를 이용하면 손쉽게 취재원을 찾을 수 있다. 구글이나 화이트페이지Whitepages, 전화번호부도 활용하자. 언론사에 따라서는 공문서 검색이 가능한 렉시스넥시스LexisNexis 등 전문 서비스를 통해 연락처를 찾아볼 수도 있다. 이런 서비스를 이용하면 무척 편리하니 반드시 편집자에게 사용 가능 여부를 문의해 보자.

취재원이 종적을 감춰 일이 어려워지기도 한다. 『GQ』의 팩트체커였고 현재 『뉴욕 타임스 매거진』의 리서치 에디터인 라일리 블랜턴은 크리스토퍼 토머스 나이트라는 남성에 관한 특집 기사를 팩트체크한 적이 있다. 나이트는 27년간 숲속에서 홀로 지내며 인근 주택에서 식량과 기타 물품을 훔쳐 연명하다가 마침내 범행 현장에서 체포되었다. 해당 기사를 쓴 마이클 핀켈★은 나이트와 메일을 주고받은 끝에 교도소로 찾아가 그를 면회했지만 대화 녹음은 허락받지 못했다. 나이트와의 대화를 바탕으로 한 핀켈의 기사는 나이트가 석방되어 또다시 사라진 뒤까지 게재되지 못했고, 블랜턴은 팩트체커로서 이 은둔자를 찾아 연락해야 했다.

★ 그렇다. 2001년 『뉴욕 타임스 매거진』 기사 「유수프 말레는 노예인가?」에서 가상의 인물을 만들어 내 비난받았던 바로 그 기자다. 핀켈을 비롯한 몇몇 기자들은 대형 사고를 쳤음에도 경력을 계속 이어 가고 있지만, 동료들에게는 항상 요주의 대상이다. (원주)

    지역 경찰이 나이트의 위치를 알려 주지 않아서 블랜턴은 공문서를 통해 나이트가 다닌 학교와 그의 어머니로 추정되는 여성의 연락처를 찾아냈다. 일주일 정도 조사를 하고 마감일이 다가오자 블랜턴은 그 여성에게 전화를 걸어 자신이 누구인지 설명했다. 블랜턴에 따르면 그 여성은 잠시 멈칫했다가 뒤에 있던 누군가를 소리쳐 불렀고, 곧바로 나이트가 전화를 받았다. 블랜턴의 갖은 노력에도 불구하고 나이트는 팩트체크에 응하지 않았지만, 핀켈이 교도소로 찾아가 나이트를 면회했다는 사실만큼은 확인할 수 있었다. 그 밖에도 서신, 다른 취재원과의 인터뷰, 나이트가 수년간 훔친 모든 물품에 관한 경찰 기록 덕분에 블랜턴은 무사히 팩트체크를 마칠 수 있었다.

인터뷰 녹음과 녹취록

인용문이나 부연 설명, 그 밖의 중요한 정보를 확인할 때는(특히 인터뷰 상대가 후속 인터뷰를 할 수 없다면) 기자가 제공하는 인터뷰 녹음과 녹취록이 유용하다. 하지만 이런 1차 자료도 백 퍼센트 안전하지는 않음을 명심하자. 4장에서 설명했듯이 녹취록의 경우 취재원이 사용한 단어나 표현을 녹취 담당자가 잘못 받아적을 수 있다. 참고 자료나 주제를 고려할 때 녹취록의 일부가 이상하거나 부적절해 보이면 녹음으로 돌아가서 녹취록과 맞지 않는 곳을 찾아보자. 녹음을 들어볼 수 없는 상황이라면 인터뷰 상대와의 전화나 영상 통화로 내용을 차근차근 확인하자.

녹음 자체도 안심할 수는 없다. 인용문이나 기타 정보를 녹음과 대조할 때는 해당 부분 전후로 최소한 몇 분을 더 들어 보아야 한다. 그래야 기자가 고의로든 실수로든 인터뷰 내용을 맥락에 맞지 않게 인용하진 않았는지 확인할 수 있다. 미심쩍은 경우 취재원에게 연락하자.

검색 엔진과 위키

인터넷은 정보 출처로서 훌륭할 수도 있고 끔찍할 수도 있다. 모든 것은 팩트체커의 검색과 정보 평가 능력에 달렸다.

구글이나 위키피디아, 기타 검색 엔진이나 대중 참여형 온라인 자료는 어떤 사실의 증거 자료로 간주할 수 없다(이 회사들에 관한 사실을 증명하기 위해 회사 대변인이나 기타 믿을 만한 출처에서 확보한 자료라면 예외다). 하지만 이런 경로를 활용해서 인터넷을 샅샅이 뒤지며 신뢰할 만한 자료를 찾을 수는 있다.

베테랑 팩트체커인 신시아 코츠의 말을 들어 보자. "구글은 매우 중요한 검색 엔진이자 관문이라고 생각한다. 훌륭한 팩트체커가 되려면 구글을 믿을 만한 자료에 이르는 관문으로 삼아야지, 구글 검색으로 기껏해야 위키피디아에 접속한다면 성공적인 팩트체커가 될 수 없을 것이다."

구글은 다양하고 요긴한 1차 및 2차 자료를 찾는 좋

은 도구일 수 있다. 알려지지 않은 학술 논문을 찾거나 인용문이 다른 출판물을 표절했는지 확인하려면? 따옴표 안에 정확한 문구를 넣어 검색할 수 있다. 목적과 상관없는 수많은 검색 결과를 걸러 내고 싶다면? 고급 검색 기능으로 필요에 부합하는 결과만 골라낼 수 있다. 초콜릿 칩에 관한 정보를 찾되 초콜릿 칩 쿠키에 관한 내용은 읽고 싶지 않다면? 구글 '고급 검색' 페이지에서 '초콜릿'과 '칩'을 검색어로 넣고 '쿠키'라는 단어가 들어간 웹페이지는 제외하면 된다(구글 일반 검색창에 '초콜릿 칩 −쿠키'라고 입력해도 똑같은 결과를 얻을 수 있다). 특정 웹사이트에서만 검색을 하고 싶다면? 웹사이트 주소 앞에 site:를 넣고 검색어를 입력한다(이 책에 관한 정보를 찾으려면 "site:press.uchicago.edu fact checking"이라고 입력하면 된다). 한꺼번에 두 단어를 검색하려면? 두 단어 중 하나라도 포함된 모든 검색 결과를 보려면 두 단어 사이에 대문자 OR를 입력하자. 구글 이미지 역추적으로 어떤 사진의 온라인 출처를 찾을 수도 있고, 전 세계의 정확한 시간을 확인할 수도 있다. 단어의 뜻을 찾아보거나 측정 단위 및 통화를 변환할 수도 있다(여기 소개한 것 외에도 더 많은 검색 요령을 알아보려면 구글 고객센터를 참조하라. '구글 검색 팁'을 검색하면 해당 내용이 바로 나온다.)

● **전문가의 조언: 자료 평가**

자료의 질은 어떻게 확인해야 할까? 블로그 '쓸데없는 것들에 관한 최후 발언'The Last Word On Nothing에 저널리스트 미셸 니후이스가 올린 글 「헛소리 예방 길잡이」The Pocket Guide to Bullshit Prevention를 참조하라. 인터넷이나 인쇄물이나 취재원에게서 얻어 낸 자료를 제대로 평가할 방법을 제시한다. 매우 흥미롭고 상세한 글로, 핵심은 다음과 같다.

1. 누가 말한 내용인가?
2. 그 사람은 어떻게 알았는가?
3. 1과 2를 고려했을 때 그 사람이 틀렸을 가능성이 있는가?
4. 3번의 답이 '그렇다'라면 더 객관적인 다른 자료를 찾아본다.
5. 3번의 답이 '거의 없다'일 때까지 반복한다.

대중 참여형 웹사이트로는 위키피디아가 가장 유명할 것이다. 위키피디아는 자원봉사자들이 꾸준히 업데이트하는 살아 움직이는 백과사전이며, 누구나 익명으로 내용을 편집하여 고의로든 실수로든 틀린 내용을 집어넣을 수 있다. 따라서 팩트체커들 사이에서 평판이 좋지는 않지만, 연구 결과에 따르면 위키피디아로 팩트체크가 가능한 주제도 있다. 위키피디아가 팩트체커의 종착지가 될 수는 없겠지만, 배경지식을 쌓고(다른 자료로 확인해야 한다) 원본 자료를 찾는 데(보통은 항목 하단에 각주로 달려 있다) 유용하다.

여타 온라인 정보의 신뢰성 평가 방법으로는 워싱턴 대학교 공공정보센터Center for an Informed Public의 연구 과학자 마이클 콜필드와 스탠퍼드 교육대학원의 명예 교수 샘 와인버그가 개발한 SIFT가 있다. SIFT는 평가 과정 4단계를 간추린 약어다.

1. **S**top: 멈춘다.
2. **I**nvestigate the source: 자료를 조사한다.
3. **F**ind better coverage: 더 나은 자료를 찾는다.
4. **T**race claims, quotes, and media to the ori-

ginal coverage: 주장, 인용문, 미디어의 원
맥락을 추적한다.

또 다른 방법은 인터넷 초창기인 1990년대 후반에
나온 것으로, 대학교 사서들이 학부생에게 온라인 자료
를 연구에 활용할 방법을 알려 주기 위해 고민한 결과물
이다. 1998년 『대학 및 학술 도서관 뉴스』에 게재된 짐
케이펀의 논문에 따르면, 많은 도서관에서는 웹사이트
의 질을 평가할 때 이렇게 자문해 보라고 제안한다. 이
웹사이트를 누가 왜 만들었는지 확인할 수 있는가? 글
쓴이가 신뢰할 만한 인물인가? 문의 사항을 보낼 수 있
는 연락처가 명시되었는가? 웹사이트의 다른 정보가 합
리적이고 믿을 만한 자료를 통해 확인되는가? 지난 몇
달 동안 정보가 업데이트되었는가? 연결된 다른 웹사이
트들도 신뢰할 수 있는가? 오탈자나 끊어진 링크 등 웹
사이트의 품질 전반을 의심하게 하는 실수는 없는가?
웹사이트의 주된 목적이 정보 제공인가, 아니면 특정한
관점을 강요하거나 제품을 팔려는 것처럼 보이는가?
이렇게 평가한 결과 해당 웹사이트를 신뢰할 수 없
다면, 출처가 더 명확하고 믿을 만한 웹사이트를 찾아보

자. 예를 들어 미국 대통령에 관한 기본 정보를 찾는다면 www.ThePresidentLies.com★(적어도 내가 이 책을 쓰는 시점에서는 제대로 된 웹사이트가 아니다)에 의존하기보다 Whitehouse.gov 웹사이트를 참고하거나 의회 도서관에서 자료를 찾자.

지도와 도감

참고 자료로는 항상 최신판 지도를 사용하자(역사적 사건이나 과거의 지리를 확인해야 하는 경우는 예외다). 구글 지도와 구글 어스는 상당 부분 인공위성 이미지를 기반으로 하는 만큼 대체로 정확하지만, 예외도 있을 수 있으므로 추가 자료로 한 번 더 확인하기를 추천한다. 다른 지도와 비교하는 것도 좋다. USA.gov 웹사이트에서 다양한 지도를 찾을 수 있다('maps'로 검색하면 된다). 그 밖에 추천할 만한 웹사이트로는 미국 지명위원회, 메리엄웹스터 지리 사전, 게티 지명 백과사전(getty.edu/research/tools/vocabularies/tgn/) 등이 있다.

지도는 기사의 지리적 설명을 재확인하는 데도 유용하다. 예를 들어 일본의 교토가 도쿄에서 남서쪽으로 약 800킬로미터 떨어져 있다는 문장에서 거리와 방향을 모두 확인하려면 지도가 필요하다(이 문장에는 사실 오류가 있다. 어떤 오류인지 발견했는가?). 또는 기사에 포함된 지도를 팩트체크해야 할 경우도 있다. 여기서는 경계선, 기호, 상대 거리와 같은 명백한 세부 사항뿐만 아니라 색상 등 더욱 미묘한 특징에도 유의하면서 이미지에 표시되어서는 안 되는 것이 없는지 확인해야 한다. '내셔널 지오그래픽 파트너스'의 편집을 위한 조사·연구 책임자인 토드 허먼의 이야기를 들어 보자. 그의 팀은 아프가니스탄의 탈레반에 관한 다큐멘터리를 제작하면서 프로그램에 언급된 특정 지역의 위치를 표시하기 위해 외부 업체의 지도를 공급받은 적이 있다. 지도에는 파키스탄과 인도를 포함한 인근 국가의 국경도 표시되어 있었다. 팩트체크 도중 허먼은 지도의 국경선이 구식이어서 분쟁 중인 카슈미르 지역이 실제보다 더 많이 인도에 속한 것처럼 그려졌을 뿐만 아니라 파키스탄이 인도의 국가색인 주황색·흰색·녹색 줄무늬로 칠해져 있음을 깨달았다.

보도 자료

보도 자료는 조직에서 직접 제공한 정보라도 절대 증거 자료로 사용해서는 안 된다. 보도 자료의 품질은 기관마다 다르며, 정확하고 균질할 수도 있지만 지나치게 낙관적이거나 오류투성이일 수도 있다.

보도 자료를 쓴 사람이 옳다고 생각한 내용이 틀린 경우도 있다. 『디스커버』 매거진의 팩트체커를 거쳐 기자가 된 마라 그런바움의 이야기를 들어 보자. 그런바움은 새로 발견된 외계 행성에 관한 기사를 팩트체크한 적이 있다(외계 행성이란 우리 은하의 태양이 아닌 다른 은하의 다른 별을 공전하는 행성이다). 이 기사에 언급된 어느 외계 행성은 언론의 많은 관심을 받았는데, 나사NASA의 보도 자료에서 지구와 이례적일 만큼 유사하다고 언급됐기 때문이다(과학자들이 지구와 비슷한 행성에 주목하는 것은 지구처럼 생명체가 존재할지도 모른다고 기대해서다). 그런바움은 이 행성을 발견한 과학자들에게 구체적인 측정값 확인을 요청했고, 다시 계산해 본 과학자들은 자기네가 실수했음을 깨달았다. 이 행성은 지구와 비슷하기는커녕 새로 발견된 다른 수백 개의 외계 행성들처럼 지구보다 훨씬 더 크고 뜨거웠다.

보도 자료가 의도적으로 오해의 여지를 주는 경우도 있다. 예를 들어 제약 회사는 제품의 안전성이나 효능을 우려하는 FDA 공문을 받고도 보도 자료에서 그 내용을 누락할 수 있다. 2015년에 FDA 연구원들은 2008년부터 2013년까지 발송한 공문 61건과 해당 기업이 내놓은 보도 자료의 비교 연구를 『영국의학저널』에 발표했다. 해당 기업의 의약품을 특정한 용도로 승인할 수 없다고 통보한 이 공문들은 일반 대중에는 공개되지 않았다. 보도 자료 중 제품의 부작용을 언급한 것은 절반도 안 되었으며, FDA 공문에 명시된 정보와 전혀 다른 것도 21퍼센트나 되었다. 2014년 『영국의학저널』에 발표된 또 다른 연구에 따르면, 생의학 연구 및 건강 제품 보도 자료 462건을 조사한 결과 40퍼센트가 "과장된 조언을 담고 있는" 것으로 밝혀졌다.

책

책은 믿을 만한 자료처럼 보이겠지만 십중팔구 팩트체크를 거치지 않는다. 따라서 자료로 사용하기 전에 일일이 평가할 필요가 있다. 첫 단계는 저자에 관해 조사하는 것이다. 해당 분야에서 권위 있는 인물, 즉 전문가나 학자나 기타 자격을 갖춘 직업인인가? 당파 싱크탱크, 옹호 단체, 업계 협회 등 편파적 관점에서 이익을 얻을 수 있는 조직과 연관되진 않았는가? 저자가 책을 쓴 동기를 알면 책 내용이 얼마나 철두철미할지 짐작해 볼 수 있다(내용 자체가 틀렸다기보다는 저자의 주장과 모순되는 중요한 맥락이나 사실을 빠뜨렸을 수 있다는 뜻이다).

환경을 훼손시킨다는 이유로 미국에서 1972년부터 사용 금지된 악명 높은 살충제 DDT의 정확한 현대사를 조사한다고 해 보자. 관련 도서를 검색하면 세 권이 나올 것이다. 도널드 로버츠와 리처드 트렌이 쓴 『놀라운 가루: DDT의 정치 및 과학사』The Excellent Powder: DDT's

Political and Scientific History, 찰스 F. 워스터가 쓴 『DDT 전쟁: 미국의 조류 구출, 암 예방, 환경방어기금 조성』DDT Wars: Rescuing Our National Bird, Preventing Cancer, and Creating the Environmental Defense Fund, 데이비드 킨켈라가 쓴 『DDT와 미국의 세기: 세계 보건, 환경 정치, 그리고 세상을 바꾼 살충제』DDT and the American Century: Global Health, Environmental Politics, and the Pesticide That Changed the World이다. 각 저자를 조사해 보면 로버츠와 트렌은 DDT 옹호 말라리아 퇴치 단체 '말라리아와 싸우는 아프리카'의 이사였고, 워스터는 DDT 사용 금지를 위한 환경방어기금의 공동 설립자이며, 킨켈라는 뉴욕 주립대학교 프레도니아 캠퍼스의 역사학과 교수라는 사실을 알 수 있다. 이 주제에 이해관계가 있는 저자는 누구일까? DDT에 대해 강경한 의견을 지닌 저자는? 가장 공평한 관점을 접하려면 어느 저자를 선택하는 게 좋을까?

출판사도 살펴보자. 자비 출판된 책인가, 아니면 상업 출판사나 대학교 출판부에서 나온 책인가? 이것 하나만으로 책의 질을 평가할 수는 없지만, 자비 출판 도서는 일반 출판사에서 나온 책보다 내용 검토가 허술할 수 있다는 데 유의하자. 기존 출판사의 경우 평판이 어떤지도 확인하자. 사람들에게 인정받는 출판사인가? 그 밖에 어떤 책들을 출판했는가? 위에서 살펴본 DDT 관련서 저자들의 경우 로버츠와 트렌의 책은 자비 출판되었으며, 나머지 두 권은 대학교 출판부에서 나왔다. 이 사실이 어떤 책을 선택할지 결정하는 데 영향을 미쳤는가?

책의 품질을 짐작할 또 다른 단서는 저자의 연구 자료다. 각주나 미주, 참고문헌 목록에 나열된 자료를 살펴보자. 권위 있는 자료인가, 아니면 위키피디아 링크가 대부분인가? 저자가 인용한 자료는 얼마나 되는가? 양질의 자료를 많이 참고한 책일수록 신뢰도도 높아진다.

마지막으로 자료가 될 만한 책, 특히 오래된 책이나 전문적인 책은 찾기 어려운 경우도 있다. 모든 팩트체커가 좋은 도서관을 이용할 수 있는 것은 아니다. 이런 경우 구글 도서, 아마존 미리보기 등의 웹사이트를 활용하자. 이런 웹사이트에서 책 전체를 볼 수 있는 경우는 드물지만, 텍스트 검색 기능으로 원하는 정보를 얻을 수도 있다. 대학교나 지역 도서관, 혹은 (지역 도서관이 비교적 작거나 장서가 부족한 경우) 인근 대도시 도서관의 사서 역시 많은 도움이 된다. 이들은 찾기 어려운 도서에 관해 자세히 알려 줄 수 있는 전문 인력이다.

신문

3장에서 설명했듯이 신문사에서는 보통 팩트체커를 고용하지 않고 신문식 팩트체크 절차를 따른다. 그렇다고 해서 기사 내용을 검증하지도 않고 인쇄한다는 건 아니다. 다만 팩트체크 전담 인력을 따로 두지 않는다는 것이다. 어쨌든 신문사나 그 밖에도 신문식 팩트체크를 하는 언론사에는 잡지사 같은 촘촘한 절차의 안전망은 없다는 데 유의할 필요가 있다.

팩트체커는 보통 신문을 1차 자료로 쓰지 않는다. 하지만 관련 기사를 찾아보거나 여러 매체를 넘나들며 배경지식을 축적하는 과정에서 많은 신문 기사를 (대부분 온라인으로) 읽게 될 것이다. 신문 중에도 좀 더 믿을 만한 양질의 신문이 있다는 걸 명심하자. 편집자들은 인정하지 않더라도 모든 간행물에는 편집자의 관점이 들어가게 마련이다(편집자의 관점에 대해 말하자면, 뉴스부터 사설, 심층 보도까지 신문과 여타 매체에 게재되는 다양한 유형의 글을 알아보고 구분할 수 있어야 한다.

사설이나 심층 보도의 경우 뉴스보다 주관적인 관점이 허용된다).

상관관계와 인과관계가 동일하지 않다는 점을 명심하되, 공신력 있고 많이 읽히는 간행물을 알아 두는 것이 좋다. 미국에서는 가장 공신력 있는 간행물과 가장 많이 읽히는 간행물이 대체로 겹치는 편이다. 홍보 담당자를 위한 미디어 데이터베이스 '먹랙'Muck Rack에 따르면 이 책이 쓰인 시점에서 온라인 방문자 기준 상위 5개 미국 신문은 『뉴욕 타임스』, 『워싱턴 포스트』, 『뉴욕 포스트』, 『USA 투데이』, 『월스트리트 저널』이다. 시장조사 회사 스타티스타Statista에 따르면 2019년 1월 발행 부수 기준 상위 5개 미국 신문은 『USA 투데이』, 『월스트리트 저널』, 『뉴욕 타임스』, 『뉴욕 포스트』, 『로스앤젤레스 타임스』다. 다소 주관적이지만 1999년 『컬럼비아 저널리즘 리뷰』에서 편집자 100명 이상을 설문조사하여 만든 상위 100개 신문 목록도 있다. 『뉴욕 타임스』가 1위였고 『워싱턴 포스트』, 『월스트리트 저널』, 『로스앤젤레스 타임스』, 『댈러스 모닝 뉴스』가 뒤를 이었다. 물론 1999년은 오래전이고 이 목록에 포함된 여러 신문사가 최근 들어 내부 스캔들과 예산 삭감에 시달렸다. 평판 좋은 신문이라고 해서 오류가 없는 것은 아니다. 항상 다양한 신문을 읽으며 정보를 확인하는 것이 좋다.

다른 국가나 지역에서도 비슷한 간행물 목록을 찾을 수 있다. 생소한 매체를 발견할 때마다 앞에서와 같은 방식으로 조사해 보자. 발행인은 누구인가? 편향적 인물로 알려져 있는가? 발행 자금은 어디서 나오는가? 해당 매체가 뉴스 수집과 수익 창출 방식을 분리하는지 확인되었는가? 뉴스와 사설, 광고를 명확히 구분할 수 있는가?

신문 기사는 대부분 신문사 웹사이트나 구글 뉴스에서 검색할 수 있다. 특정 언론사의 팩트체커로 고용되었다면 해당 언론사에서 신문 기사 데이터베이스인 렉시스넥시스를 구독하고 있을 가능성이 있다. 혹은 지역 공공도서관에서 다른 무료 신문 데이터베이스를 이용할 수도 있다. 신문 기사를 읽을 때는 정정 보도나 편집자 주가 없는지 잘 살펴보자. 보통 이런 내용은 기사 하단에 표시되지만 매우 심각한 오류라면 상단에 있을지도 모른다. 렉시스넥시스와 같은 데이터베이스에서는 원래 기사에서 정정된 내용이 같이 뜨지 않고 별도 항목으로 표시될 수 있다.

언제 어디에 게재된 기사든 반드시 추가 자료를 찾아서 기사 내용을 확인해야 한다. 과학 기자이자 밴더빌트 대학교 상주 작가 스티븐 온스의 사례를 참고하자. 온스는 2007년 『디스커버』 잡지에 기사를 기고했다. 노벨상을 도난당한 사람들에 관한 짧고 흥미로운 기사였다. 온스가 찾아낸 사례 중 두 건은 실화였지만, 신문 기사에서 발견한 세 번째 사례가 문제였다. 케이 밀러라는 여성이 1985년 받은 노벨 평화상이 도난당했다가 이후 한 남성의 자동차 트렁크에서 총과 운전면허증 여러 개와 함께 발견되었다는 내용이었다. 온스는 기사에 밀러가 겪은 시련을 짧게 언급했다가 1985년도 노벨 평화상을 실제로 수상한 단체로부터 분노에 찬 메일을 받았다. 밀러는 당시 학생 대표단에게 수여된 기념용 복제품 메달을 도둑맞고서 그것이 노벨상이라고 주장한 것이었다.

가짜 뉴스도 조심하자. 이 말의 정의는 시간이 흐르면서 조금씩 변했지만, 대체로 일반 뉴스 매체에 실린 것처럼 보이도록 의도적으로 꾸며 낸 콘텐츠를 가리킨다. 가짜 뉴스의 목적은 선정적인 콘텐츠로 사용자의 클릭을 유도하여 광고 수익을 창출하는 것일 수 있다. 혹은 정치인이나 정당 후보에 관한 음모론이나 거짓말을 피뜨리려는 의도일 수도 있다. 항상 온라인 매체의 웹 주소, 기자의 서명과 약력, 기사에 명시되거나 명시되지 않은 출처를 꼼꼼히 살펴보자.

기타 출판물

물론 신문 외에도 다양한 출판물이 있다. 인쇄 잡지와 온라인 잡지, 블로그, 여러 분야의 디지털 출판물, 인쇄물과 온라인 버전을 모두 내놓는 출판물 등 팩트체커를 거치는 것과 그렇지 않은 것을 구분하기란 어렵다. 신문과 마찬가지로 다른 출판물도 1차 자료로는 사용하지 않는 것이 좋으나(예외도 있다. 230페이지의 '퀵 가이드: 1차 자료와 2차 자료'를 참조하라), 팩트체커는 기타 출판물을 자료로 삼아 담당한 기사에 누락된 내용을 찾거나 다른 기자는 어떤 식으로 취재했는지 확인할 수 있다. 생소한 매체를 접하면 반드시 어떤 곳인지 조사해보자.

● **퀵 가이드: 언론 매체를 2차 자료로 사용하기**

특히 마감일이 촉박할 경우 확실한 1차 자료를 찾지 못할 수도 있다. 신문이나 온라인 매체와 같은 2차 자료를 사용해야 할 경우 해당 내용을 뒷받침할 기사를 각각 다른 매체에서 세 개 이상 찾도록 한다. 하지만 개중에 팩트체커가 없는 매체도 있을 것이며 기사의 품질도 들쑥날쑥할 수 있음을 유념하자. 한 매체의 기사가 틀렸다면 이를 인용한 다른 여러 매체의 기사가 있으리라는 것도 잊지 말자. 기사의 출처에 주의를 기울이고(다른 사이트에서 가져온 경우 해당 사이트를 링크하거나 주석을 달아야 한다) 기사에 직접 취재한 내용이 포함되었는지 확인하자(기자는 다른 매체의 다른 기사를 그대로 베끼는 대신 타당한 1차 또는 2차 자료를 찾아서 인용할 수 있다).

학술 논문

학술 논문은 훌륭한 1차 또는 2차 자료이며, 그중 상당수
는 온라인에서 무료로 열람할 수 있다. 1차 학술 논문은
저자가 직접 연구하여 저술하고 학술지에 발표한 연구
를 가리킨다. 2차 학술 논문에는 여러 저자의 논문을 통
해 특정 분야의 현황을 살펴보는 리뷰와 다양한 논문을
검토하고 종합하는 메타 분석이 있다.

    1차 자료든 2차 자료든 논문을 찾는 가장 흔한 방법
은 저자 이름, 논문 제목, 권수와 페이지 번호를 포함한
학술지 정보 등의 사실을 구글에서 검색하는 것이다. 구
글 검색으로 데이터베이스나 저자의 웹사이트에서 무
료 제공하는 논문 사본(보통 PDF 파일)을 찾을 수도 있
다. 논문 검색에 유용한 학술 데이터베이스도 많다. 특
히 구글 스콜라와 JSTOR(저널 스토리지)를 추천한다.
의학 논문을 찾는다면 미국 국립보건원에서 제공하는
검색 엔진 펍메드PubMed를 살펴보자. 논문 전체의 무료
사본을 찾을 수 없다면(일부 학술지 웹사이트에서는 논

문 초록만 열람할 수 있다), 저자에게 메일로 사본을 받아 볼 수 있는지 문의하자. 학술 조사나 기사 팩트체크에 필요하다고 설명하면 대부분은 기꺼이 논문을 보내줄 것이다. 대학에서는 대체로 학술지를 구독하므로 과거나 현재 학적이 있다면 논문을 직접 열람할 수 있다. 그 밖에도 많은 언론사가 비슷한 구독 서비스를 이용한다. 예를 들어 과학 기사를 주로 게재하는 매체에서는 명망 있는 과학 학술지를 구독할 것이다. 직원뿐만 아니라 외주 프리랜서도 이런 서비스를 이용 가능할 수 있으니 반드시 편집자에게 문의해 보자.

모든 학술 논문이 정확하거나 최신인 것은 아니다. 끊임없이 반박과 수정이 이루어지는 과학 분야에서는 더욱 그렇다. 학술지를 읽는 것도 도움이 되지만, 해당 분야의 신뢰할 수 있는 전문가를 찾아서 학술 논문의 흐름을 짚어 달라고 요청하는 것이 좋다. 특히 기후 변화처럼 정치 논리에 휘둘리는 분야에서는 전문가의 조언이 중요하다. 기후 변화의 특정한 측면을 논박하는 논문이 있을 수도 있지만, 해당 논문이 더 넓은 연구 생태계에서 어떤 맥락에 위치하는지 이해할 필요가 있다. 특정 주제의 생태계를 개관하는 또 다른 요령은 관련 논문을 아울러 비전문가도 쉽게 읽을 수 있도록 분석한 최신 리뷰(2차 자료)를 찾는 것이다.

● **전문가의 조언: 과학 논문 읽기**

과학 논문은 보통 초록, 서론, 방법론, 결과, 논의, 참고문헌의 여섯 부분으로 구성된다. 초록에서는 논문 전체를 개관하고 연구 의도와 결과의 핵심을 알린다. 서론에서는 연구의 맥락을 이해하는 데 도움이 되는 배경 정보를 제공한다. 방법론에서는 저자가 연구를 수행한 방식을 설명하되 해당 분야 전공자라면 누구나 각 단계를 이해하고 재현할 수 있게 상세히 서술한다. 결과에서는 그림과 표, 기타 데이터를 통해 저자가 발견한 내용을 정리하고, 논의에서는 보통 결과를 더 넓은 맥락에서 살펴보며 그 의미를 저자의 관점에서 고찰한다. 참고문헌에서는 물론 저자가 인용한 논문들을 나열한다.

전공자는 보통 일반인과 다른 방식으로 논문을 읽는데, 군데군데 건너뛰며 읽거나 여러 번 반복해 읽기도 한다. 그러는 동안 논문과 함께 발표된 모든 데이터가 건전한지, 통계와 기타 분석에 오류가 없는지, 가설이 합리적인지 살펴 가며 연구를 평가할 것이다. 과학은 개별 논문이 아니라 연구의 누적을 통해 구축되는 만큼, 전공자라면 이 연구가 학계에서 차지하는 위치도 가늠할 수 있을 것이다.

팩트체커 또한 논문을 남들과 다르게 읽을 두 가지 이유가 있다. 전공자와 달리 내용을 이해하기 힘든 데다가 십중팔구 마감에 쫓길 것이기 때문이다. 기사에서 논문의 어느 부분을 인용하는지에 따라 팩트체커가 관련 내용을 찾아야 할 부분도 달라진다. 팩트체크를 위한 정보는 대체로 초록이나 논의 부분에 있는데, 이런 경우 팩트체커는 곧바로 연구 결과로 넘어가도 괜찮다. 하지만 기사에서 연구가 수행된 방식을 설명하는 경우 팩트체커는 방법론 부분도 살펴볼 필요가 있다. 둘 중 어느 경우든 해당 부분을 정독하면서 담당한 기사의 맥락에 맞게 인용되었는지 확인해야 한다. 논문을 이해하는 데 도움이 필요하거나 기사에서 논문이 제대로 서술되었는지 미심쩍다면 저자에게 연락해 물어보자.

저자가 일부 배경 사실을 논문 서론에서 가져왔을 수 있다는 점도 명심하자. 이 부분은 보통 선행 연구에서 나온 정보인 만큼 2차 자료가 된다. 저자가 서론 내용을 사용한 경우 원본 자료가 참고문헌에 명시되었는지 확인하고 해당 논문을 확인한다(이 과정이 꼬여서 서로를 인용하는 논문들의 원본 자료를 못 찾는 경우도 있다).

마지막으로 다른 자료를 평가할 때처럼 저자와 발행 기관의 평판을 알아보고, 좋은 논문인지 불확실하거나 혼자 조사하기가 어렵다면 도움을 줄 만한 전문가를 찾아보자. 관련 분야를 잘 알고 해당 논문을 매체에서 어떻게 다루든 이해관계가 없는 독립적인 연구자여야 한다(물론 저자와도 대화해야 한다).

기타 조언

- 보도 자료를 함께 읽자. 논문의 핵심이나 전문 용어를 이해하는 데 유익하다. 단, 편향적 의견이나 허위 정보에 조심해야 한다.
- 같은 호에 실릴 논설을 찾아보면 학계에서 해당 논문의 맥락을 파악하는 데 도움이 될 것이다.
- 연구 결과가 결론을 뒷받침하는지 확인한다(불확실하다면 이해관계가 없는 전문가에게 문의한다).
- 해당 논문의 한계를 살펴본다(보통 논문 막바지에 언급된다).
- 이해관계에 관한 진술을 확인한다(이 역시 논문 막바지에 언급된다).

학술 출판의 다양한 동향도 알아 두자. 최근 늘어난 오픈 액세스 저널은 보통 저자가 출간 비용을 부담하여 논문을 무료 배포하는 방식이다. 대중과 연구자들에게 최대한 빠르고 솔직하게 자신의 연구를 공개하는 것이 목적이다. 오픈 액세스 저널 중에는 평판이 좋고 동료 평가 절차를 갖춘 곳도 있지만, 저자가 비용만 넉넉히 낸다면 뭐든 게재하는 악명 높은 곳도 있다. 돈만 있으면 누구의 논문이든 실어 주는 학술지는 질이 떨어질 수밖에 없다. 이런 식의 오픈 액세스 저널을 약탈적 저널이라고 한다. 이와 관련해서 유명한 블랙리스트가 있다. 콜로라도주 덴버 대학교 오라리아 도서관에서 학술 커뮤니케이션 사서로 일했던 제프리 빌이 작성한「빌의 리스트: 약탈적 오픈 액세스 저널로 추정되거나 의심되는 곳들의 목록」이다. 빌은 이 목록을 2017년에 온라인에서 내렸는데, "소속 대학에서 눈치를 주었고 여러 약탈적 저널들도 강하게 압박했기" 때문이라고 한다. 내가 이 책을 쓰는 지금도 온라인에서 여전히 다양한 버전의 약탈적 저널 목록이 공유되고 있다(개중 일부는 빌의 원래 목록을 참고한 티가 나지만 빌은 모두 자신과는 무관하다고 말한다). 어떤 목록이든 종착점이 아니라 출발점이 되어야 하며, 팩트체커라면 항상 자료의 신뢰도를 직접 조사해야 한다.

학술 출판의 또 다른 동향은 프리프린트★다. 프리프린트는 1990년대부터 일부 분야에 존재했지만, 최근 팬데믹을 겪으면서 급증했다. 과학자들이 코로나바이러스 및 그 확산에 관한 연구를 신속하게 프리프린트 서버에 올렸고, 언론인들도 대중을 위한 기사에 이런 연구를 점점 더 많이 참조했기 때문이다. 기존 학술 출판의 경우 연구 결과가 학계와 일반 대중에 공개되기까지 오래 걸릴 수 있는데, 일부 분야에서는 이 시간을 단축하기 위해 프리프린트로 눈을 돌리고 있다. 프리프린트는 기본적으로 엄격한 동료 평가를 거치지 않은, 아직 기존 학술지에 제출되지 않았거나 검토 단계에서 배포되는 과학 논문이다. 언론에서 프리프린트를 보도해도 되는지에 관해서는 의견이 분분하지만, 한 가지는 분명하다. 언론인이 이런 연구를 언급하려면 독립적인 전문가와 함께 검토해야 하며, 해당 연구가 아직 동료 평가를 거치지 않았음을 독자에게 명확히 알려야 한다는 것이다.

★ preprint, 논문이 정식 게재되기 전에 (보통 온라인으로) 연구 결과를 공개하는 것.

6장

**팩트체크 기록
및 자료 보관**

팩트체크 기록과 자료 보관은 중요하다. 팩트체크 과정에서도 그렇지만 기사가 수정되고 게재되어 휴지통에 버려지거나 잊힌 뒤, 심지어 몇 년 뒤에도 마찬가지다. 훌륭한 팩트체커라면 자기만의 원본 자료 정리 방식이 있게 마련이다. 이런 방식에 옳고 그름은 없다. 꾸준히 실천할 수 있고 인터뷰 메모, 메일, 보고서 및 기타 자료를 신속하게 찾을 수 있다면 어떤 방식이든 상관없다.

　팩트체커나 편집자는 다양한 이유로 팩트체크 기록을 차후에 확인해야 할 수 있다. 지금까지는 이를 주로 스텟(기억하겠지만 '그대로 두라'는 뜻의 교정교열 표시로, 기본적으로 제시한 수정 사항을 받아들이지 않겠다는 의미다)의 맥락에서 설명했다. 편집자나 기자의 스텟을 꼼꼼히 기록해 두면 그들의 판단 착오로 오류가 수정되지 않았을 때 유용하다. 얼마 후 기사가 발행되면 독자가 언론사에 오류를 지적해 올 테고, 결국에는 상사가 지적 사항을 당신에게 전달하면서 어떻게 된 거냐고 질문할 테니까. 오류가 당신의 책임이 아니라면 업무를 제대로 수행하지 못한 것은 당신이 아닌 다른 사람이라는 증거가 필요할 것이다.

　　팩트체커가 자료를 보관해 두어야 할 또 다른 이유가 있다. 간행물에서는 종종 비슷한 주제의 기사를 다시 싣거나 후속 보도를 하는데, 이런 경우 과거의 자료를 다시 꺼내 재활용할 일이 생긴다(기사를 셀프 팩트체크하는 기자도 새로운 기사를 쓸 때 예전에 찾아 둔 자료에 의존할 수 있을 것이다). 게다가 디지털 기사는 종이 신문보다 훨씬 오래 보관되므로 독자가 몇 달이나 몇 년이 지나 잠재적 오류를 지적할 수도 있다.

　　법적 문제도 있다. 언론사가 소송에 휘말릴 수 있는 기사의 경우 자료 보관이 필수적이다. 로펌 '클래리스 로'의 롭 버치에 따르면 언론사는 적어도 명예훼손, 사생활 침해 및 기타 소송의 공소시효(법적으로 소송을 제기할 수 있는 기간)가 만료될 때까지 기사의 증거 자료를 보관해야 한다. 공소시효는 주나 국가마다 다르므로 얼마나 보관하는 게 좋을지 확인하려면 당신이 일하는 지역의 규정을 찾아보자. 예를 들어 해당 주의 명예훼손 공소시효가 2년이라면 언론사는 원본 자료를 최소 2년

간 보관해야 하며, 기사가 정정되었거나 분쟁의 여지가
있는 경우 더 오래 보관해야 한다.

종이 문서 정리

디지털 시대인 오늘날은 문서나 기타 원본 자료를 실물로 보관하지 않는 경우도 많지만, 일부 언론사에서는 여전히 팩트체크 자료를 구식 캐비닛에 보관한다. 당신이 일하는 곳도 그렇다면(혹은 당신이 재택근무 프리랜서거나 디지털보다 종이를 선호한다면) 서류철, 확장형 바인더, 서류함이나 캐비닛이 필요할 것이다(프리랜서라도 특정 언론사를 위해 일한다면 그곳의 자료 보관 규정을 따르면 된다. 원격 근무를 한다면 집에 사본을 보관하는 것도 좋다). 자료 정리는 팩트체커 본인의 선호나 거래처의 요구에 따라 다르지만 보통 다음과 같은 방식으로 진행된다. 기사마다 간행물 호수(날짜, 연도 등)와 기사 제목을 적어 넣은 서류철이 여러 개 생길 것이다. 온라인 기사인 경우 서류철에 게시 날짜, 웹사이트 주소 등을 표시한다. 서류철 한 개(필요하다면 여러 개)에는 기사 프린트나 교정본 등의 인쇄물을 모아 둔다. 또 다른 폴더(들)에는 원본 자료를 모아 두되 특정한 자료를 찾기 쉽게 자료 유형이나 작성자 등의 기준별로 정리한다. 참고 자료가 많은 장문 기사의 경우 자료 유형별로 폴더 여러 개가 필요할 수 있다(인터뷰 녹취록용 하나, 보고서용 하나 등)

자료를 어떻게 정리하든 결국에는 해당 잡지 같은 호의 다른 기사들과 함께 더 큰 확장형 바인더에 들어갈 가능성이 높다. 이런 바인더를 서류함이나 캐비닛에 시간순으로 정리해 두면 나중에 특정한 잡지나 온라인 게시일, 혹은 기사에 해당되는 서류철을 쉽게 찾을 수 있다.

언론사에서 팩트체크 자료를 얼마나 오래 보관할지는 공소시효와 여유 공간에 따라 다르다. 이런 자료를 외부 창고로 옮겨 짧게는 몇 년에서 길게는 무기한 보관하는 언론사도 있다.

● **퀵 가이드: 기록 분류**

기록을 프린트하든 디지털 파일로 저장하든 혹은 양쪽을 병행하든 간에, 제대로 분류해서 정리했다면 작업이 끝나고 한참 후에도 쉽게 찾을 수 있다. 다음 요령들을 참조하라.

- 작업한 매체별로 폴더를 만든다.
- 폴더 안에 각 기사별로 하위 폴더를 만든다(예: '비욘세_
  놀스_기사').
- 그 안에 또 원본 자료 유형별로 하위 폴더를 만든다(인
  터뷰, 보고서, 사진 등).
- 인터뷰 녹취록이나 녹음 파일명에는 인터뷰 상대의 이
  름을 넣는다(예: '비욘세_인터뷰.mp3').
- 보고서 파일명에는 기자 또는 매체 이름과 날짜를 넣는
  다(예: '빌보드2008.pdf').
- 필요한 파일을 쉽게 찾을 수 있도록 일정한 파일 형식으
  로 저장한다.

● 전문가의 조언: 보관하기 어려운 자료

웹사이트는 수시로 바뀌거나 완전히 사라질 수 있다. 온라
인에서 찾은 자료를 사용할 경우 PDF 파일이나 스크린샷
으로 저장해 둔다(번거로울 만큼 많은 양이 아니라면 종
이에 프린트해도 좋다). 실물을 보관하기에는 너무 크고
비싼 책이나 기타 출판물은 나중에 필요할 때 찾을 수 있
도록 제목과 그 밖의 주요 정보를 정리해 둔다. 인터뷰 녹
음을 비롯한 음성 및 영상 콘텐츠는 보통 디지털 파일로
저장될 테니 파일명과 저장 위치 목록을 만든다. 서류철이
나 바인더에 넣을 수 없는 그 밖의 자료들도 나중에 다시

찾을 때 필요한 정보 목록을 만들어 둔다(구하기 어려운 책이라면 관련 페이지와 저작권 정보를 스캔하여 디지털 파일로 저장하는 방법도 있다).

디지털 백업

디지털 자료를 정리하는 방법은 다양하다. 컴퓨터만 있으면 추가 비용을 들이지 않고 디지털 폴더에 이름을 지정해 파일 캐비닛처럼 문서를 정리할 수 있다. 폴더마다 여러 개의 하위 폴더와 다양한 형식의 파일(인터뷰 녹음, 보고서 PDF 등)을 포함할 수 있다(자료 정리를 도와주는 다양한 온라인 서비스가 있으니 필요하다면 조사해 보자. 예를 들어 오버뷰 닥스Overview Docs에서는 리서치 자료를 업로드하고 검색도 할 수 있다). 현재 시점에서의 구체적 요령은 신기술이 나옴에 따라 구식이 되겠지만, 분류 정리의 기본 원칙은 어떤 디지털 도구를 사용하든 유효할 것이다.

여러 매체를 팩트체크하는 경우 각 매체에 해당하는 폴더를 만들고 누구나 알아볼 수 있는 이름을 붙인 다음 기사와 매체별로 앞에서 설명한 분류 정리 단계를 따른다. 기사별로 폴더를 만들고 폴더 이름을 기사 표제로 바꾼다(표제가 너무 길면 더 간단한 이름을 붙인다).

그런 다음 폴더 안에 하위 폴더를 만든다. 하위 폴더의 개수와 이름은 편의에 따라 정하면 된다. 예를 들어 단순하게 기사 초고 폴더와 원본 자료 폴더로 분류해도 되고, 분류하기 어려운 자료가 많다면 자료 유형별로(녹취록, 녹음, 이미지, 보고서 등) 여러 개의 폴더를 만들 수 있다.

각 폴더 안의 전자 문서에는 누구나 찾기 쉽게 명확한 파일명을 붙이자. 기사 초고뿐만 아니라 조던 필 인터뷰 대본, 코로나19 관련 표, 의료 개혁에 관한 대통령의 최근 연설문이 필요할 수도 있다.

웹사이트나 기타 온라인 자료가 변경되거나 사라질 경우를 대비해 전자 사본을 만들자. 스크린샷을 찍거나 PDF로 저장하면 된다. 책의 경우 사용하는 문서 작성 소프트웨어로 제목과 관련 저작권 정보를 담은 목록을 만든다. 기자의 메모나 도서관의 인쇄물 아카이브, 그 밖에 디지털 파일로 구할 수 없는 자료는 모두 이렇게 정리해 둔다.

● **전문가의 조언: 온라인 자료 저장하기**

인터넷은 끊임없이 변한다. 링크가 끊기고, 웹사이트 디자
인이 바뀌고, 소셜미디어 게시물은 사라진다. 따라서 온라
인에서 찾은 자료는 무조건 스크린샷을 찍거나 다운로드
하거나 PDF 파일로 저장해야 한다(대부분의 운영 체제는
문서 프린트 메뉴에서 PDF 저장 옵션을 제공한다).

웹사이트나 게시물 저장을 깜박했더라도 절망할 필요는
없다. 웨이백 머신Wayback Machine, 디지털 인터넷 아카
이브나 비슷한 서비스, 웹페이지 캐시(검색 엔진에 저장
된 과거 버전의 웹페이지로, 현재 웹페이지를 사용할 수
없을 경우 유용하다) 등을 찾아보자. 소셜미디어 게시물
이라면 남들이 캡처해 둔 스크린샷을 검색할 수도 있다
(해당 스크린샷의 진위 여부를 반드시 확인하자). 원하는
자료를 찾았다면 새로운 파일로 저장한다.

디지털 자료를 어디에 보관할지는 근무 장소에 달
려 있다. 당신이 언론사 내근직이고 자료를 다른 직원과
공유해야 한다면 본인 컴퓨터에 저장하면 된다. 언론사
에 따라서는 모든 직원의 컴퓨터와 연결된 공유 드라이
브에 저장해야 할 수도 있다. 공유 드라이브의 다른 폴

더와 형식을 맞추어 저장한다. 예를 들어 잡지 호수별로 폴더가 있고 그 안에 기사별로 하위 폴더가 있다면 당신의 자료도 그렇게 정리한다. 원격 근무 중이고 회사 내 데스크톱이나 공유 드라이브에 액세스할 수 없다면 드롭박스 등 파일 공유 서비스로 상사에게 파일을 보내는 방법도 있다.

자료를 집에 보관하는 경우 하드드라이브, 외장 드라이브, 클라우드나 그 밖의 온라인 서비스에 전자 사본을 저장하자. 단, 중요한 문서를 클라우드에 저장하는 경우 해당 회사의 보안 및 개인정보 보호 정책을 숙지해야 한다.

디지털 자료의 보관 기간은 실물 자료와 마찬가지로 공소시효, 그리고 당신과 거래처의 의향에 달려 있다. 디지털 파일은 공간이 거의 필요하지 않아서 저장하기가 한층 용이하기에, 아주 오래된 자료도 공유 드라이브나 저장소에 남겨 둘 수 있다. 과거의 팩트체크 파일은 이후에도 좋은 자료가 되며, 비슷한 주제에 관한 기사를 작업한다면 더욱 그렇다.

그렇게 또다시 새로운 팩트체크가 시작된다.

7장

연습 문제

새로 배운 팩트체크 기술을 시험해 보고 싶은가?

그럴 기회를 준비했다. 다음 몇 페이지에 이 책 내용과 관련된 두 가지 연습 문제를 실었다. 정답은 부록에서 확인하면 된다. (커닝 금지!)

연습 문제 1

다음 단락에서 사실에 밑줄을 그어 보자. 몇 개나 찾았는가?

은은한 소나무와 삼나무 향 가운데 약간의 스컹크 악취가 섞여 있다. 불법일 것 같아 불안하지만 실은 아무 문제없는 냄새다. 이 냄새는 스포캔 시내의 개조된 벽돌 창고 안을 맴돌며 외풍이 있는 이 방 저 방에 스며든다. 1월 초저녁인 지금 이 창고에 입주한 업체는 대마초 기름 가공회사 '오도 오일'ODO Oil뿐이지만, 이곳에는 오락성 약물 상점과 대마초 과자가게를 포함한 거대 대마초 상업지구가 들어설 예정이다. 위층의 오래된 호텔 객실 60개는 대마초 친화 콘도로 개조될 것이라고 한다. 현재 1층은 대부분 비어 있다. 상점 쇼윈도 안의 텔레비전 몇 대가 인적 없이 눈만 쌓인 길거리를 향해 대마초에 관한 CNN 뉴스 재방송을 내보낼 뿐이다.

나는 오도와 협업할 예정인 과학자 앨런 슈라이버와 함께 이곳을 방문했다. 오도의 실험 책임자 스티브 리가 건물의 역사를 우리에게 설명하는 도중 슈라이버가 갑자기 끼어든다. "내가 만든 걸 보러 가죠. 여기서 진행 중인 일을 설명하고 싶어요."

"그거 좋죠." 리가 대답하고는 아래층의 1차 가공실로 우리를 안내한다. 시끄럽고 무더운 이 공간에서는 100만 달러 상당의 추출기가 빼곡히 늘어서서 건조된 대마초 가루로부터 기름을 뽑아낸다. 이 과정에서 대마초 특유의 짜릿함을 만드는 화합물 농축액이 추출된다. 대마초의 주된 향정신성 성분인 테트라히드로칸나비놀 THC을 비롯하여 칸나비노이드로 통칭되는 수십 가지 화학물질이 들어 있다. 타이벡 작업복을 입고 방호 장갑을 낀 남성이 레버를 당기자 1차로 추출된 원유가 투명한 플라스틱 컵 안에 뿜어져 나온다. 최대한 관대하게 표현하자면 녹아내리는 캐러멜 젤라토 같지만 사실 그보다는 아기 기저귀의 내용물처럼 보인다.

우리는 더 조용하고 더 시원한 2차 가공실로 이동한다. 기름을 여과하여 메밀 꿀처럼 짙고 끈끈하고 투명해질 때까지 회전시키는 곳이다. 리가 도매가 1만 8천 달러어치의 기름이 든 유리병을 들어 올린다. 리의 설명에 따르면 흡입 가능한 카트리지나 쿠키, 사탕, 기타 식품 재료가 매장 진열대에 놓이려면 주정부 규정에 따라 오일이 제3자 실험실에서 안전 및 품질 검사에 통과하고 박테리아, 곰팡이, 잔류 용매 등의 오염 물질이 없는지 확인해야 한다. 상품의 효능도 실험실에서 결정된다.

곤충학 연구자이자 농약 독성학자였다가 지금은 농해충 방제 분야의 용병 노릇을 하는 슈라이버가 나를 돌아본다. "내가 지금 하는 말에 저 사람은 수긍하지 않을 수도 있어요. 어쩌면 반박할지도 모르죠." 그는 리를 고개로 가리키며 말한다. "이 기름은 잔류 농약 검사를 할 필요가 없다는 거요."

리도 수긍한다. "맞아요, 현재 워싱턴주에서는 살충제 검사 의무가 없어요."

—브룩 보렐 「대마초를 재배하는 과학자」, 『언다크』 2016년 4월 7일 자에서 발췌

연습 문제 2

다음의 자료 및 취재원을 (1) 1차/2차, (2) 양질/저질로 분류한다.

일부 자료는 용도에 따라 1차도 2차도 될 수 있다. 어떤 상황에서 그런지 파악하고 설명하자. 각 자료의 품질을 어떻게 평가할 것인지도 상세히 설명하자. 평가에 반영할 증명서나 인증서가 있는가? 특정 자료의 품질이 어떤 상황에서 다르게 평가될 수 있을까?

1. 사진
2. 지도
3. 여론조사
4. 법원 녹취록
5. 암에 관한 종양 전문의 인터뷰
6. 암의 역사에 대한 종양 전문의 인터뷰
7. 대통령 토론 텔레비전 방송
8. 과학 논문
9. 과학 논문 리뷰 또는 메타 분석
10. 과학 논문 초록에 실린 통계

11. 정치 집회에 참석한 사람

12. 역사책

13. 홍수로 농작물이 침수된 농부

14. 신문 기사

15. 기후 변화에 관한 정치인 연설

16. 음성 및 동영상 기록

17. 공식 전기

18. 비공식 전기

19. 자서전

20. 불법 약물을 사용했다는 이유로 유명인 손님을
    쫓아낸 술집 경비원

맺음말

이 책 초판의 결론을 다시 읽어 보면 내가 얼마나 순진했는지 경악하게 된다. 이 책을 쓸 당시 팩트체크 업계가 직면한 가장 큰 문제는 언론사 내부의 오류와 가짜 뉴스를 그럴싸하게 퍼뜨리는 인터넷 매체였다. 적어도 나는 그렇게 생각했다. 2014년 어느 러시아 남성이 곰에게 공격당했다가 휴대전화 벨소리였던 저스틴 비버의 노래 덕분에 살아남았다고 주장한 사건은 버즈피드 뉴스, MTV, 『뉴욕 포스트』 등 많은 언론에서 보도한 바 있다. 물론 당시에도 이미 백신 반대론자부터 지구 평면설 신봉자, 알렉스 존스까지 많은 음모론자들이 있었다. 게다가 봇 팜과 클릭 팜click farm★도 많았지만, 이런 가짜 소셜미디어 계정들은 대부분 온라인에서 더 많은 영향력을 확보하거나 돈을 더 많이 벌기 위해 사용되는 것으로 여겨졌다. 2015년 『뉴 리퍼블릭』은 "클릭 팜은 실리콘밸리가 디지털 유물에서 가치를 창출하는 속도만큼 빠르게 가짜를 만드는 방법을 모색한다"고 표현했다.

★ 저임금 노동자들을 고용해 클릭 수대로 수익이 발생하는 광고 링크를 반복 클릭하게 하는 인터넷 사기.

하지만 당시만 해도 보도국이 조금 더 엄정을 기하고 보도 과정에 몇 가지 안전장치를 추가하면 어떻게든 이 기괴한 디지털 생태계를 감당할 수 있을 듯싶었다.

한편으로 한 줄기 희망도 보였다. 정치 팩트체크 단체가 세계 각국에 우후죽순으로 생겨나면서 유력 정치인의 말에 책임을 묻기 위해 노력했다. 허위 사실을 폭로하는 웹사이트 스놉스Snopes는 상당한 이용자를 보유하고 있었다. 언론인들은 의심스러운 언론사와 트롤 네트워크를 밝혀내는 중이었다. 인기 온라인 칼럼들도 입소문을 탄 가짜 뉴스를 지적하는 데 한몫했다. 소셜미디어 회사들은 잘못된 정보를 표시하고 정확도에 따라 기사 순위를 매기겠다고 발표했다.

하지만 곧 내 낙관적 전망이 틀렸다는 것이 밝혀졌다. 2016년 이후로 우리가 직면한 문제는 팩트체크만으로 감당할 수 없는 훨씬 거대한 난관임이 분명하다. 당시 내게 희망을 준 계획과 규약 들은 팩트체크와 저널리즘을 지키는 데 내가 기대한 것만큼 효과적이지 않았다. 정치 팩트체크도 근본적으로 시각이 편향된 관중에게는 별 효과가 없는 것으로 보인다. 페이스북과 같은 소셜미디어 플랫폼은 허위 정보로 인해 오히려 이득을

볼 수 있다. 콘텐츠가 진짜든 가짜든 더 많은 사람을 끌어들이기만 하면 더 많은 수익이 창출되기 때문에, 가짜 뉴스는 그들의 비즈니스 모델에 매우 요긴하다. 허위 콘텐츠임을 표시하려는 소셜미디어 플랫폼의 제한적인 시도는 엄청난 반향을 일으켰지만, 여러 면에서 원래 의도와 완전히 정반대 효과를 냈다. 내가 즐겨 읽던 허위 콘텐츠 저격 칼럼은 게시가 중단되었다. 스놉스의 공동 설립자는 자신의 사이트에서 가명으로 활동하는 상습 표절범으로 밝혀졌다. 봇 팜은 여전히 성행하는 중이며 음모론을 퍼뜨리고 선거에 영향을 미치기 위해 진화하고 있다.

음모론자들의 목소리는 점점 더 커지고 있으며 여러 분야에서 주류가 되었다. 데이터에 따르면 이들 대부분은 극우 성향으로 피자 게이트★와 큐어넌QAnon★★에서 코로나 팬데믹에 관한 거짓 정보까지 다양한 음모론을 퍼뜨리고 있다. 이런 음모론 중 일부는 민주주의의 근간을 무너뜨리는 것을 목표로 한다. 예를 들어 2022년 초에 프로퍼블리카ProPublica와 『워싱턴 포스트』가 실시한 조사에 따르면, 2020년 대통령 선거일부터 미

★ 2016년 미국 대통령 선거 기간에 온라인에서 퍼진 음모론. 민주당 고위 관리들이 비밀 모임에서 인신매매와 아동 성매매를 행하며 암호 메시지를 주고받았다는 주장.
★★ 미국의 인터넷 커뮤니티 4chan에서 유래한 극우 음모론 혹은 그 추종자들.

국 의사당 반란이 일어난 2021년 1월 6일까지 2020년 대선 결과와 관련된 허위 정보와 폭력적 위협이 담긴 게시물이 페이스북에 65만 건 이상 게시된 것으로 확인되었다. 그중 상당수는 내전과 처형을 촉구하는 내용이었다. 언론인들은 전 직원들과의 인터뷰를 통해 페이스북이 허위 주장의 확산을 억제하려고 노력하지 않았다는 사실도 밝혀냈다.

안타깝게도 앞으로는 상황이 더욱 악화될 것이다. 캘리포니아 대학교 버클리 캠퍼스의 컴퓨터과학자 해니 패리드는 2021년 나와의 인터뷰에서 미래의 팩트체커들이 가장 우려해야 할 것은 합성 미디어, 즉 인공지능으로 생성하거나 개조한 미디어 환경이라고 말했다. 우리는 이미 이런 세상의 시작을 목격하고 있다. 컴퓨터과학자들은 주로 머신러닝과 같은 인공지능 기술을 이용하여 컴퓨터 생성 이미지와 동영상('딥페이크'로 알려져 있다)은 물론 텍스트와 음성도 만들어 낸다. 머신러닝의 원리를 간단히 살펴보자. 연구자들은 무수한 사례를 통해 학습하는 알고리즘을 개발한다. 예를 들어 알고리즘이 말 이미지를 생성하게 하려면 연구자들이 다양한 색상과 크기와 품종의 말 이미지 수백 수천 장을 제공해야 한다. 결국 알고리즘은 스스로 말 이미지를 만드는 방법을 터득하게 된다. 음성 클립도 마찬가지다. 알고리즘은 인간의 목소리가 담긴 파일을 무수히 듣고 이를 활용하여 그와 같이 말하는 법을 배운다.

현재 합성 미디어에는 한계가 있다. 알고리즘은 매우 사실적인 인물 사진을 만들 수 있지만 일반적으로 어깨 위쪽만 보여 준다. 일어나지 않은 폭동이나 전쟁처럼 완전히 새로운 사건의 이미지도 보여 줄 수 없다. 하지만 지금도 조금만 시간과 노력을 들이면 놀랍도록 그럴싸한 합성 미디어를 만들 수 있다. 예를 들어 2021년에는 영화배우 톰 크루즈가 미하일 고르바초프에게 들었다는 농담을 전하고, 마술을 선보이고, 사탕을 먹는 등 우스꽝스러운 모습을 보여 주는 틱톡 영상들이 올라왔는데, 모두 딥페이크인 것으로 밝혀졌다. 이 영상들을 제작한 시각 및 AI 효과 아티스트 크리스 우메는 실제 배경에서 배우와 동작을 촬영한 다음 톰 크루즈의 영상으로 학습한 AI 모델을 활용해 얼굴을 보정했다. 머지않아 훨씬 더 수월하게 이런 영상을 만들 수 있을 것이다. 패리드는 합성 미디어가 "급성장하고 있다"라고 말한다. "이와 관련해 많은 변화가 일어날 것입니다. 멋지지만 골치 아프고 무기화될 수도 있는 기술들이 여럿 나타나 겠지요. 이 분야는 빠르게 발전할 겁니다. 거의 서너 달마다 새로운 성과가 발표되고 있으니까요." (물론 악의적인 사람들은 첨단 알고리즘 없이도 정보를 무기화하고 미디어를 조작할 수 있다. 기술적으로 형편없는 허위 정보 프로파간다도 얼마든지 성공한 바 있다. 사람들은 자신이 믿고 싶은 것을 믿기 때문이다.)

그리고 증강 현실에서 가상 현실에 이르기까지 다양한 기술이 결합된 디지털 세계인 메타버스도 있다. 이 개념은 아직 생소한 만큼 이해하기가 쉽지 않다. 『와이어드』의 2021년 기사에 따르면, "현재로서 '메타버스'의 의미를 말하는 것은 '인터넷'의 의미에 관한 1970년대의 논의와 비슷한 면이 있다. 새로운 커뮤니케이션 형태의 구성 요소는 만들어지고 있지만 그 전체가 어떤 모습일지는 아무도 알 수 없다는 점에서 말이다." 메타버스의 의미에 이미 오큘러스 VR 헤드셋과 같은 제품에서 가능한 몰입형 비디오 게임이나 3차원 온라인 세계에서의 사교, 비즈니스, 오락, 미디어 소비 등의 상호작용이 포함될 수 있다. 메타(구 페이스북)는 이미 사람들이 면대면으로, 더 정확하게는 아바타 대 아바타로 모일 수 있는 3차원 세계를 구축했다.

기술 회사들은 이런 가상 세계에 막대한 투자를 하고 있다. 현재 가상 현실 헤드셋은 다소 투박하고 가격 등의 문제로 대중 접근성도 떨어진다. 하지만 머지않아 기술적으로 더 발전하고 가격도 저렴해질 것이다. 메타버스를 설계하는 소셜미디어 플랫폼은 점점 더 복잡한 서비스를 제공할 것이다. 우리가 대화하는 사람들의 정체를 어떻게 알 수 있을까? 가상 세계에서 우리는 어떻게 미디어를 공유할 것이며, 광고주는 어떻게 우리와 미디어를 공유할까? 타인과의 상호작용이 더 **진실하고** 감정적으로 설득력 있게 느껴져서 열정적인 연대나 분노를 촉발할까? 메타버스는 분명 새로운 형태의 오락을 제공하겠지만, 기존 소셜미디어의 단점을 더욱 심화하고 확산할 가능성도 높다. 허위 정보를 유포하고 사용자의 감정에 편승해 콘텐츠를 조작하며 생각이 비슷한 음모론자들을 연결하여 사회를 분열시킬 수 있다. 메타버스의 초창기인 지금도 이미 괴롭힘과 학대를 신고하는 사용자들이 있다.

우리는 이 그림자 세계를 어떻게 탐색해야 할까? 저널리스트, 논픽션 작가, 역사가, 편집자, 팩트체커는 어떻게 모든 사람들이 이런 공간을 이해하도록 도울 수 있을까?

해답은 아직 불확실하지만, 그렇다고 희망을 버릴 필요는 없다. 저널리즘과 논픽션 글쓰기는 이 시대에도 중요하다. 민주주의는 자유롭고 정직한 언론 없이 존재할 수 없다. 인류가 생존하려면 우리의 과거를 이해하고 기후 변화부터 질병 확산, 세계 지도자들의 악행에 이르기까지 다양한 위험의 결과를 인식해야 한다. 사실과 정확한 뉴스를 찾는 사람들은 언제 어디에나 존재한다. 현실 세계뿐만 아니라 합성 미디어의 바다나 메타버스에도 그런 사람들이 있을 것이다. 현재 진실을 추구하는 사람들과 미래 세대를 위해 세상을 기록하는 것이 팩트체커, 저널리스트, 편집자의 임무다. 하지만 그러려면 우리 모두가 살아가는 온라인 생태계의 변화에 관한 집단적 인식이 있어야 한다. 새로운 기술이 어떻게 작동하고 진화하는 중인지 알아야 이런 기술이 어떻게 조작될 수 있는지도 파악 가능하다.

일부 단체는 기술을 활용해 사실과 진실을 보존하자고 제안한다. 예를 들어 머신러닝과 기타 AI 기술로 자동화된 팩트체커를 만들고 인터넷을 샅샅이 뒤져 허위 사실을 찾겠다는 컴퓨터 과학자와 언론인들의 협력 단체도 있다. 일부 보도국은 기업과 협력해 콘텐츠 출처를 표시해 주는 소프트웨어를 활용하며 사진부터 문서까지 인증된 디지털 콘텐츠 사용을 권장한다. 이런 시스템은 팩트체크의 책임 소재를 전환하기 위한 것이다. 팩트체커와 저널리스트가 사진이 진짜인지 알아내는 대신, 사진가가 온라인에서 해당 사진에 디지털 서명을 하도록 하는 것이다. 그러면 이미지의 진위를 확인하고 싶은 사람은 **누구든** 바로 출처 데이터를 확인할 수 있다.

블록체인 기술을 저널리즘에 적용할 방법을 고민하는 사람들도 있다. 블록체인이라고 하면 대체로 암호화폐인 비트코인이나 기타 금융 애플리케이션을 떠올린다. 그러나 블록체인의 기본 개념은 사용자 간에 분산된 불변의 투명한 디지털 거래 원장元帳을 생성하는 것이며, 따라서 위조가 매우 어려운 기록을 만들 수 있다는 점에서 다양한 응용 가능성이 있다. 암호화폐의 경우 이는 사용자가 코인(혹은 코인의 일부)을 구매하면 누구나 그것이 어떻게 사용되는지 추적할 수 있다는 의미다. 또한 블록체인 기술은 분산될 수 있으므로 어느 특정 집단이 권한을 독점할 수 없다. 일부 지지자들은 블록체인이 저널리즘의 새로운 자금 조달 모델이 될 수 있다고 주장한다. 독자들이 언론사의 지분을 소유하고 공동으로 언론사를 운영함으로써 광고주나 억만장자 소유주의 영향력에서 벗어날 수 있다는 것이다. 컬럼비아 대학교의 디지털 저널리즘 견인센터에 따르면 블록체인 기술은 기자명과 발행 시간 등 기사와 관련된 주요 정보를 명확하고 변경 불가능한 원장으로 만들고 "콘텐츠와 발행 데이터를 안전하고 불변하게 보호"하는 데도 유용하다.

잘못된 정보와 허위 정보를 억제할 기술 적용 방식을 모색하는 사람들이 있다는 건 반가운 일이지만, 거짓말을 퍼뜨리는 사람들은 기술적 장벽을 어떻게든 우회하려 한다. 나는 AI 팩트체커를 사용해 보았지만 솔직히 그리 인상적이지는 않았다. 아직까지는 AI 모델을 학습시킬 데이터 세트를 찾기가 너무 어렵다. 필요한 정보량 자체도 방대하지만, 아직 컴퓨터가 처리할 수 없는 미묘한 뉘앙스와 어조를 이해시켜야 한다는 문제도 있다. 디지털 출처와 관련하여 스마트 컴퓨터과학자와 AI 전문가들은 내게 디지털 콘텐츠 서명을 만드는 것도 일종의 군비 확장 경쟁이 될 것이며, 가짜를 만들고자 하는 사람들은 최신 기술을 모방할 것이라고 말했다. 마치 워터마크, 홀로그램, 빛에 따라 색이 변하는 잉크를 위조할 방법을 찾는 위폐범들처럼 말이다. 블록체인 기술을 저널리즘에 활용하자는 제안은 아직까지 구체적으로 실현되지 않고 있다. 개인적으로는 누군가 적절한 모델을 제시하더라도 일반 독자들이 해당 기술에 무관심하거나 구매로 지지를 표명하지 않을 것 같아서 걱정이다. 그리고 현실을 무시할 동기가 있는 사람들은 현재의 검증 체계를 무시하는 것만큼 불변하는 콘텐츠 원장에도 불신을 드러낼 것이다. 결론적으로, 기술이 우리를 구원해 줄 것이라고 믿을 수는 없다. 인간 팩트체커의, 나아가 정확한 사건 기록을 제시하는 데 관심 있는 사람들의 역할은 앞으로도 중요할 것이다.

이번 개정판을 작업하는 동안 초판에서 인터뷰한 몇몇 언론인들과 다시 면담할 기회가 있었다. 현재 『디애틀랜틱』 편집장인 에이드리엔 라프랑스도 그중 하나다. 내가 이 책의 초판을 쓰기 시작한 2014년에 라프랑스는 『고커』에서 「안티 바이럴: 이번 주 인터넷의 헛소문을 알아보자」Antiviral: Here Is What's Bullshit on the Internet This Week라는 칼럼을 연재하고 있었다. 트위터를 비롯해 온라인에서 크게 퍼진 소문을 분석하여 그것이 거짓인 이유(그리고 이런 소문을 공유하지 말아야 할 이유)를 설명하는 단순한 콘셉트의 칼럼이었다. 나는 2021년 말에 라프랑스와 재회하여 인터넷이 2014년에 비해 얼마나 달라졌는지 이야기를 나눴다. 라프랑스는 해당 칼럼을 다시 연재하게 된다면 "이번 주 인터넷에서 헛소문이 **아닌** 것을 알아보자"로 콘셉트를 바꿔야 할 것 같다고 농담을 던졌다. 나는 라프랑스에게 이후로 일어난 온갖 사건들을 생각하면 당시의 글이 허무해 보이지 않느냐고 물었다. 그도 동의했지만 진지한 경고를 덧붙였다. "그 칼럼이 앞으로 우리에게 더 많이 필요한 철학을 기반으로 쓰였다고 말하고 싶습니다. 만사를 회의적으로 보아야 한다는 것 말입니다." 소문에 의존하는 대신 우리 모두가 적절한 질문을 던지고 합당한 증거 자료를 찾아야 한다는 것이다. "우리 사회의 구성원들은 비판적으로 사고할 필요가 있습니다. 모든 사람이 저널리스트가 되어야 한다는 것은 아니지만, 저널리스트가 대중을 위해 그런 자세를 가져야 한다는 것은 분명합니다."

옳은 말이다. 그러니 이제 작업에 착수하자.

감사의 말

팩트체크 업계에 종사하지 않는 사람에게는 희한하게 들리겠지만, 팩트체커였던 나로서는 이 안내서를 준비하고 집필하는 과정이 정말 즐거웠다. 하지만 나 혼자서는 이 책을 쓸 수 없었을 것이다. 설문조사나 긴 인터뷰, 혹은 둘 다에 응해 시간을 내 준 팩트체커, 연구자, 언론인, 작가 여러분에게 깊이 감사드린다. 친절하게 초판 원고를 읽어 준 존 밴타, 롭 버치, 앨리스 존스, 에리카 빌라니, 루크 잴러스키에게, 시카고 대학교 출판부의 지혜로운 검토자 여러분에게도 깊은 감사를 표한다. 초판의 팩트체커인 메릴 애기시와 개정판의 팩트체커 노라 벨블리디아는 내가 인정하고 싶지 않을 만큼 여러 차례 오류를 바로잡아 주었다(단행본에 오류가 남았다면 전적으로 내 책임이다). 교정쇄 확인 과정을 유쾌하게 만들어 준 줄리아 캘더론, 나의 여러 팩트체크 프로젝트를 거들어 준 데버라 블럼과 그 밖의 MIT 나이트 과학 저널리즘 프로그램 직원들, 팩트체크 기술에 관해 많은 대화를 나눠 준(그리고 온갖 연설을 들어준) 패티 울터에게 감사한다. 머리말과 맺음말 초고에 대해 현명한 의견을 들려주고 우정을 보여 준 젠 슈워츠, 날카로운 통찰과 비전을 보여 준 편집자 메리 로어, 우리를 연결해 준 크리스티 헨리, 찾기 어려운 이미지와 자료를 수색해 준 몰리 맥피, 각각 초판과 개정판을 꼼꼼하게 교정교열해 준 에린 드윗과 스티븐 트윌리, 각각 초판과 개정판에 대해 마케팅 수완을 발휘해 준 로런 샐러스와 캐리 애덤스, 케빈 쿼치와 질 시마부쿠로, 내가 아무리 산만한 아이디어를 제시해도 항상 응원해 주는 에이전트 폴 루카스에게 고마움을 전한다.

그리고 매기, 아트, 마이크에게도 사랑과 감사를 전한다.

부록

연습 문제 정답

연습 문제 1

나는 해당 단락에서 129개의 사실을 확인했다. 정확한 수는 특정 구문을 어떻게 쪼갤지에 따라 달라질 수 있다. 자세한 내용은 각주를 참조하라.

은은한 소나무와 삼나무 향 가운데 스컹크 악취가 살짝 섞여 있다.[1] 불법[2]일 것 같아 불안하지만 실은 아무 문제없는[3] 냄새[4]다. 이 냄새는 스포캔 시내[5]의 개조된 벽돌 창고[6] 안을 맴돌며[7] 외풍이 있는[8] 이 방 저 방에 스

---

1   **소나무와 삼나무 향 가운데 스컹크 악취** 주관적인 표현이지만, 팩트체커는 해당 표현이 적절한지 현장에 있던 취재원에게 물어볼 수 있다.

2   **불법** 대마초, 나아가 대마초의 존재를 암시하는 냄새가 이 기사의 배경인 미국 대부분의 사법권에서 불법이라는 사실을 확인한다.

3   **아무 문제없는** 워싱턴주에서 대마초가 합법인지 확인한다.

4   **냄새** 실제로 냄새가 났는지 현장에 있던 취재원에게 확인한다.

5   **스포캔 시내** 건물의 위치를 확인한다.

6   **개조된 벽돌 창고** 건물에 관한 설명이 맞는지 확인한다.

7   **맴돌며** 건물 안에서 줄곧 대마초 냄새를 느꼈는지 현장에 있던 취재원에게 확인한다.

며든다.[9] 1월 초저녁인 지금[10] 이 창고에 입주한 업체는 대마초 기름 가공회사[11] '오도 오일(ODO Oil)'[12]뿐이지만,[13] 이곳에는 오락성 약물 상점[14]과 대마초 과자가게[15]를 포함한 거대 대마초 상업지구[16]가 들어설 예정이다. 위층[17]의 오래된[18] 호텔 객실[19] 60개[20]는 대마초 친화

---

8   **외풍이 있는** 실내에 외풍이 있었는지 현장에 있던 취재원에게 확인한다.

9   **이 방 저 방에 스며든다** 건물 구석구석에서 대마초 냄새가 났는지 현장에 있던 취재원에게 확인한다.

10   **1월 초저녁인 지금** 취재원이 방문한 날짜와 시간을 확인한다.

11   **대마초 기름 가공회사** 회사의 제품을 확인한다.

12   **오도 오일** 회사 이름과 철자를 확인한다.

13   **업체는 ~뿐이지만** 건물에 입주한 업체 수와 그 업체가 오도 오일인지 여부를 확인한다.

14   **오락성 약물 상점** 글에 등장하는 상업지구의 일부가 맞는지 확인한다.

15   **대마초 과자가게** 글에 등장하는 상업지구의 일부가 맞는지 확인한다.

16   **거대 대마초 상업지구** 개발자/소유주에게 상업지구 계획을 확인한다.

17   **위층** 호텔 객실이 위층에 있는지 확인한다.

18   **오래된** 주관적인 표현일 수 있지만, 객실 외관을 이렇게 묘사하는 것이 공정한지 확인한다.

19   **호텔 객실** 해당 방이 실제로 호텔 객실인지 확인한다.

콘도로 개조될 것이라고 한다.[21] 현재 1층[22]은 대부분 비어 있다.[23] 상점 쇼윈도 안[24]의 텔레비전[25] 몇 대[26]가 인적 없이[27] 눈만 쌓인[28] 길거리를 향해[29] 대마초에 관한 CNN 뉴스 재방송[30]을 내보낼 뿐이다.

나는 오도와 협업할 예정인[31] 과학자[32] 앨런 슈라이

---

20 **60개** 호텔 객실 수를 확인한다.

21 **대마초 친화 콘도로 개조될 것이라고 한다** 상업지구 계획에 포함되어 있는지 확인한다.

22 **1층** 묘사된 장면에서 취재원이 건물 1층에 있었는지 확인한다.

23 **대부분 비어 있다** 적절한 설명인지 취재원에게 확인한다.

24 **상점 쇼윈도 안** 텔레비전의 위치를 확인한다.

25 **텔레비전** 텔레비전이 있었는지 확인한다.

26 **몇 대** 텔레비전 수를 확인한다.

27 **인적 없이** 상점 내부에서 거리에 아무도 보이지 않았는지 확인한다.

28 **눈만 쌓인** 눈이 내려 쌓였는지 확인한다.

29 **길거리를 향해** 거리에서 텔레비전 화면이 보였는지 확인한다.

30 **대마초에 관한 CNN 뉴스 재방송** 취재 중에 방영된 프로그램의 주제와 날짜를 확인한다.

31 **오도와 협업할 예정인** 슈라이버가 스포캔 대마초 센터에서 사업을 할 계획인지 확인한다.

32 **과학자** 직업을 확인한다.

33 **앨런 슈라이버** 이름과 철자를 확인한다.

34 **~와 함께 이곳을 방문했다** 슈라이버가 스포캔 대마초 센터에 있었

버[33]와 함께 이곳을 방문했다.[34] 오도의 실험 책임자[35] 스티브 리[36]가 건물의 역사[37]를 우리에게 설명하는[38] 도중 슈라이버가 갑자기 끼어든다.[39] "내가 만든 걸 보러 가죠. 여기서 진행 중인 일을 설명하고 싶어요."[40]

"그거 좋죠." 리가 대답하고는[41] 아래층[42]의 1차 가공실[43]로 우리를 안내한다.[44] 시끄럽고[45] 무더운[46] 이

고 기자가 그와 동행했는지 확인한다.

35 **오도의 실험 책임자** 직함을 확인한다.

36 **스티브 리** 이름과 철자를 확인한다.

37 **건물의 역사** 리의 설명 내용을 확인한다.

38 **우리에게 설명하는** 리가 슈라이버와 기자에게 설명을 했는지 확인한다.

39 **슈라이버가 갑자기 끼어든다** 슈라이버가 실제로 끼어들었는지 확인한다.

40 **"내가 만든 걸 보러 가죠. 여기서 진행 중인 일을 설명하고 싶어요."** 말한 사람과 내용을 확인한다.

41 **"그거 좋죠." 리가 대답하고는** 말한 사람과 내용을 확인한다.

42 **아래층** 오도의 가공실이 건물 아래층에 있는지 확인한다.

43 **1차 가공실** 방 설명을 확인한다.

44 **우리를 안내한다** 리가 슈라이버와 기자를 건물의 새로운 장소로 안내했음을 확인한다.

45 **시끄럽고** 소음 수준을 확인한다.

46 **무더운** 온도를 확인한다.

공간에서는 100만 달러 상당의[47] 추출기[48]가 빼곡히 늘어서서[49] 건조된[50] 대마초[51] 가루[52]로부터[53] 기름[54]을 뽑아낸다.[55] 이 과정에서 대마초 특유의 짜릿함을 만드는[56] 화합물[57] 농축액[58]이 추출[59]된다. 대마초의 주된[60] 향정신성[61] 성분[62]인 테트라히드로칸나비놀[63]

---

47 **100만 달러 상당의** 설비 가격을 확인한다.

48 **추출기** 기계의 종류와 기능을 확인한다.

49 **빼곡히 늘어서서** 기계가 실제로 방을 가득 채웠는지 확인한다.

50 **건조된** 원료에 관한 설명을 확인한다.

51 **대마초** 기계에 투입하는 원료를 확인한다.

52 **가루** 원료에 관한 설명을 확인한다.

53 **~로부터** 추출 방향을 확인한다.

54 **기름** 기계로 추출한 물질을 확인한다.

55 **뽑아낸다** 기계의 기능에 관한 설명을 확인한다.

56 **대마초 특유의 짜릿함을 만드는** 이 특정 화합물이 대마초의 활성 성분인지, '짜릿함'이 이를 적절히 설명하는지 확인한다.

57 **화합물** 추출한 물질을 '화합물'이라고 부를 수 있는지 확인한다.

58 **농축액** 명칭을 확인한다.

59 **추출** 가공 방식을 확인한다.

60 **주된** 더 주된 성분으로 간주될 수 있는 향정신성 화합물이 없는지 확인한다.

61 **향정신성** THC가 향정신성인지 확인한다.

62 **성분** '화합물/화학물질'의 동의어인지 확인한다.

63 **테트라히드로칸나비놀** 명칭과 철자를 확인한다.

(THC[64])을 비롯하여[65] 칸나비노이드[66]로 통칭되는 수십[67] 가지 화학물질[68]이 들어 있다. 타이벡[69] 작업복[70]을 입고 방호[71] 장갑[72]을 낀 남성[73]이 레버[74]를 당기자[75] 1차로[76] 추출된 원유[77]가 투명한[78] 플라스틱[79] 컵[80] 안에 뿜어져 나온다.[81] 최대한 관대하게 표현하자

---

64 **THC** 약어와 철자를 확인한다.

65 **~를 비롯하여** 테트라히드로칸나비놀이 앞서 언급한 '수십 가지' 성분에 포함되는지 확인한다.

66 **칸나비노이드** 명칭과 철자를 확인한다.

67 **수십** 화합물의 가짓수를 확인한다.

68 **화학물질** 이 문맥에서 '화합물'과 동의어인지 확인한다.

69 **타이벡** 복장 재질을 확인한다.

70 **작업복** 복장 종류를 확인한다.

71 **방호** 장갑이 실제로 방호용인지 확인한다.

72 **장갑** 장갑을 실제로 착용했는지 확인한다.

73 **남성** 성별을 확인한다.

74 **레버** 당긴 물건이 레버인지 확인한다.

75 **당기자** 동작 방향을 확인한다.

76 **1차로** 1차 가공이 맞는지 확인한다.

77 **원유** 이 단계에서 기름이 '원유'라고 불리는지 확인한다.

78 **투명한** 색상을 확인한다.

79 **플라스틱** 재질을 확인한다.

80 **컵** 용기 종류를 확인한다.

81 **뿜어져 나온다** 기름이 똑똑 떨어지거나 콸콸 흐른 것이 아니라 분사되어 나왔는지 확인한다.

면 녹아내리는 캐러멜 젤라토 같지만[82] 사실 그보다는 아기 기저귀의 내용물처럼 보인다.[83]

우리는 더 조용하고[84] 더 시원한[85] 2차 가공실[86]로 이동한다.[87] 기름[88]을 여과하여[89] 메밀 꿀[90]처럼 짙고[91] 끈끈하고[92] 투명해질[93] 때까지[94] 회전시키는[95] 곳이다. 리가[96] 도매가 1만 8천 달러어치[97]의 기름이 든[98] 유리병[99]을 들어 올린다.[100] 리의 설명에 따르면[101] 흡입 가능

---

82 **녹아내리는 캐러멜 젤라토 같지만** 묘사가 적절한지 확인한다.

83 **아기 기저귀의 내용물처럼 보인다** 묘사가 적절한지 확인한다.

84 **더 조용하고** 이전 방과 비교하여 소음 수준을 확인한다.

85 **더 시원한** 이전 방과 비교하여 온도를 확인한다.

86 **2차 가공실** 해당 공간이 다음 목적지였는지 확인한다.

87 **이동한다** 세 사람이 건물 안을 지나갔는지 확인한다.

88 **기름** 2차 가공실에서 처리된 물질을 확인한다.

89 **여과하여** 이 작업이 2차 가공실에서 이루어지는지 확인한다.

90 **메밀 꿀** 여과된 기름의 색, 점도, 투명도가 실제로 메밀 꿀과 비슷한지 확인한다.

91 **짙고** 기름 색이 얼마나 짙었는지 확인한다.

92 **끈끈하고** 기름의 점도를 확인한다.

93 **투명해질** 기름이 얼마나 투명/불투명해 보이는지 확인한다.

94 **때까지** 여과 및 회전 시간을 확인한다.

95 **회전시키는** 이 작업이 여과 후 2차 가공실에서 이루어지는지 확인한다.

96 **리가** 리가 기름병을 잡은 사람이 맞는지 확인한다.

한 카트리지[102]나 쿠키,[103] 사탕,[104] 기타 식품 재료[105]가 매장 진열대에 놓이려면[106] 주정부 규정[107]에 따라 오일이 제3자 실험실[108]에서 안전[109] 및 품질[110] 검사에 통과

---

97   **도매가 1만 8천 달러어치** 유리병에 담긴 기름의 가치를 확인한다.

98   **기름이 든** 유리병에 실제로 여과 및 회전된 기름이 들어 있었는지 확인한다.

99   **유리병** 용기 종류를 확인한다.

100   **들어 올린다** 리가 기름병을 집어 든 방향을 확인한다.

101   **리의 설명에 따르면** 다음 내용을 설명한 사람이 리인지 확인한다.

102   **흡입 가능한 카트리지** 오도의 대마초 기름이 함유되었을 수 있는 상품의 예를 확인한다.

103   **쿠키** 오도의 대마초 기름이 함유되었을 수 있는 상품의 예를 확인한다.

104   **사탕** 오도의 대마초 기름이 함유되었을 수 있는 상품의 예를 확인한다.

105   **기타 식품 재료** 오도의 대마초 기름이 함유되었을 수 있는 상품의 예를 확인한다.

106   **매장 진열대에 놓이려면** 리가 보여준 기름이 매장에 진열할 상품이 맞는지 확인한다.

107   **주정부 규정** 해당 검사가 주정부 법상 구체적으로 요구되는지 확인한다.

108   **제3자 실험실** 주정부 규정 검사를 누가/어디서 수행하는지 확인한다.

109   **안전** 주정부 규정상 필수적인 검사의 범주를 확인한다.

110   **품질** 주정부 규정상 필수적인 검사의 범주를 확인한다.

하고[111] 박테리아,[112] 곰팡이,[113] 잔류 용매[114] 등의 오염 물질이 없는지 확인[115]해야 한다. 상품의 효능[116]도 실험실[117]에서 결정된다.

곤충학[118] 연구자[119]이자 농약 독성학자[120]였다가[121] 지금은 농해충 방제 분야의 용병 노릇을 하는[122] 슈라이버[123]가 나를 돌아본다.[124] "저 사람은 내가 지금 하

---

111 **오일이 ~검사에 통과하고** 검사를 통과해야 하는 것이 상품 자체가 아닌 기름인지 확인한다.

112 **박테리아** 검사의 대상인 오염 물질의 예를 확인한다.

113 **곰팡이** 검사의 대상인 오염 물질의 예를 확인한다.

114 **잔류 용매** 검사의 대상인 오염 물질의 예를 확인한다.

115 **오염 물질이 없는지 확인** 검사의 목적을 확인한다.

116 **상품의 효능** 추가 검사에 관한 설명을 확인한다.

117 **실험실** 동일한 제3자 실험실에서 추가 검사를 수행했는지 확인한다.

118 **곤충학** 슈라이버의 전공을 확인한다.

119 **연구자** 슈라이버가 실제로 연구자였는지 확인한다.

120 **농약 독성학자** 슈라이버의 직무 설명을 확인한다.

121 **였다가** 슈라이버의 임용 상태를 확인한다.

122 **농해충 방제 분야의 용병 노릇을 하고 있는** 슈라이버의 직무 설명을 확인한다.

123 **슈라이버** 말한 사람이 슈라이버인지 확인한다.

124 **나를 돌아본다** 슈라이버가 누구에게 말하고 있었는지 확인한다.

는 말에 수긍하지 않을 수도 있어요. 어쩌면 반박할지도 모르죠." 그는 리를[125] 고개로 가리키며[126] 말한다. "이 기름은 잔류 농약 검사를 할 필요가 없다는 거요."[127]

리도 수긍한다.[128] "맞아요, 현재 워싱턴주에서는 살충제 검사 의무가 없어요."[129]

—브룩 보렐 「대마초를 재배하는 과학자」, 『언다크』 2016년 4월 7일 자에서 발췌

---

125 **리를** 슈라이버가 누구를 가리켰는지 확인한다.

126 **고개로 가리키며** 슈라이버가 한 동작을 확인한다.

127 **"저 사람은 내가 지금 하는 말에 수긍하지 않을 수도 있어요. 어쩌면 반박할지도 모르죠. 이 기름은 잔류 농약 검사를 할 필요가 없다는 거요"** 말한 사람과 내용을 확인한다.

128 **리도 수긍한다** 리가 슈라이버의 말에 수긍했는지 확인한다.

129 **"맞아요, 현재 워싱턴주에서는 살충제 검사 의무가 없어요"** 말한 사람과 내용을 확인한다.

연습 문제 2

저널리스트는 가급적 1차 자료를 활용하는 것이 좋지만, 2차 자료가 유용한 경우도 있다. 또한 1차 자료가 딱히 신뢰할 수 없는 경우도 있다. 다음 자료들을 1차와 2차로 분류하는 요령을 알아보자.

1. **사진** 1차 자료. 다만 실제 사진인지 확인해야 한다(이미지 역추적 검색을 하거나 사진가에게 문의). 품질은 양질일 수도 있고 저질일 수도 있다. 구도와 캡션 정보를 재확인하고, 다른 각도에서 찍었거나 다른 사진가가 찍은 사진도 찾아본다.

2. **지도** 1차/2차 자료, 양질/저질 모두 가능하다. 지도가 언제 어떻게 만들어졌는가? 어떻게 언급되는가? 누가 어떤 도구를 사용하여 만들었는가? 1725년경 뉴욕의 로어 맨해튼을 설명한다고 가정해 보자. 1725년에 제작된 해당 지역 지도가 1차 자료일 것이다. 하지만 1725년의 로어 맨해튼을 재구성해 2019년에 제작된 지도도 2차 자료는 될 수 있다.

3. **여론조사** 1차 자료. 품질은 방법론에 따라 달라진다.

4. **법원 녹취록** 1차 자료. 대체로 양질이지만 소송이 진행된

국가와 법원을 고려해야 한다.

5. **암에 관한 종양 전문의 인터뷰** 해당 전문의의 경력과 전 공에 부합하는 경우 1차 자료. 양질일 확률이 높지만 이해 상충 여부, 해당 전문의의 이론이 학계에서 비주류인지 여 부, 소속 등을 확인해야 한다.

6. **암의 역사에 관한 종양 전문의 인터뷰** 2차 자료. 이 분야 를 전공한 역사학자나 기록 보관소 및 도서관에서 찾을 수 있는 1차 자료가 더 전문적일 것이다. 품질이 낮다.

7. **대통령 토론 텔레비전 방송** 1차 자료. 단순히 후보자의 발 언을 확인하는 경우 양질 자료겠지만, 특정한 주장에 대해 서는 후보자와 그의 논거에 따라 양질일 수도 저질일 수도 있다.

8. **과학 논문** 독자적 연구에 근거한 경우 1차 자료. 품질은 높 을 수도 낮을 수도 있으므로 제3자 전문가와 교차 확인하 고 품질을 짐작할 근거를 찾아본다(동료 평가, 학술지 리 뷰 등).

9. **과학 논문 리뷰 또는 메타 분석** 2차 자료. 품질은 방법론 에 따라 달라진다.

10. **과학 논문 초록에 실린 통계** 해당 통계가 논문에서 다룬 독자적 연구의 결과물인 경우 1차 자료. 다른 연구를 인용 한 경우 2차 자료. 품질은 방법론과 원본 자료에 따라 달라 진다.

11. **정치 집회에 참석한 사람** 정치색과 상황에 대해서는

1차 자료, 정책이나 통계와 관련된 주장에 대해서는 2차 자료. 품질은 자료를 어떻게 사용할지에 따라 달라지지만, 일반적으로 중요한 내용을 뒷받침할 양질의 자료가 되긴 어렵다. 설사 취재원이 정책이나 헌법적 문제를 정확하게 설명했더라도 편견 없는 전문가나 데이터 세트를 찾아 주장한 내용을 확인해 보는 것이 좋다.

12. **역사책** 2차 자료. 품질은 저자와 방법론에 따라 달라진다.

13. **홍수로 농작물이 침수된 농부** 농작물이 침수되었다는 사실에 대해서는 1차 자료, 홍수가 발생한 이유나 기타 기술적인 세부 사항에 대해서는 2차 자료다. 품질은 자료를 어떻게 사용할지에 따라 달라진다. 예를 들어 농부가 홍수가 기후 변화와 관련이 있다고 주장하는 경우 해당 주장을 평가할 자격이 있는 과학자를 찾는 것이 최선이다.

14. **신문 기사** 사용 방법에 따라 1차 또는 2차 자료. 특정 간행물이 어떤 사건을 다루었다는 증거로 기사를 인용하는 경우 1차 자료지만, 기사의 구체적 내용은 일반적으로 2차 자료다. 품질은 신문사, 기자, 보도 방식 등에 따라 달라진다.

15. **기후 변화에 관한 정치인 연설** 해당 정치인에게 기후 과학 또는 관련 분야 학위나 유효한 연구 경력이 없다면 2차 자료. 설사 정치인에게 학위나 경력이 있다고 해도 편향 가능성이 적은 다른 자료를 찾는 것이 좋다. 품질은 자료를 어떻게 사용할지에 따라 다르지만, 일반적으로 정치인이 과학적 주제에 대해 결정적 발언자가 되어서는 안

된다.

16. **음성 및 동영상 기록** 1차 자료. 다만 실제인지 확인하자. 품질은 높을 수도 낮을 수도 있다. 다음 사항들을 고려하자. 어떻게 편집되었는가? 맥락에서 벗어난 부분이 있는가? 누가 기록을 공개했는가?

17. **공식 전기** 당사자의 직접 서술이 아니므로 2차 자료. 품질은 작가와 주제에 따라 달라지므로 검증이 필요하다. 예를 들어 대상에게 추잡한 전과가 있는 경우 공식 전기는 잘못을 은폐하고 사실을 허위로 진술하거나 왜곡할 수 있다.

18. **비공식 전기** 당사자의 직접 서술이 아니므로 2차 자료. 품질은 작가와 주제에 따라 달라지므로 검증이 필요하다. 비공식 전기가 공식 전기보다 진실한 경우도 있다.

19. **자서전** 당사자의 직접 서술이므로 1차 자료. 그러나 품질은 당사자의 설명을 신뢰할 수 있는지에 따라 달라진다.

20. **불법 약물을 사용했다는 이유로 유명인 손님을 쫓아낸 술집 경비원** 경비원이 고객을 내쫓았다는 사실에 대해서는 1차 자료. 불법 약물에 대해서는 1차 또는 2차 자료. 경비원이 약물을 보았거나 압수했는가? 해당 약물이 불법인 것으로 확인되었는가? 품질은 기사에서 경비원의 증언을 어떻게 활용할지에 따라 달라진다. 특히 누군가의 범죄 혐의를 고발하는 경우 더욱 내용을 꼼꼼히 검증해야 한다.

팩트체크의 기초
: 당신의 콘텐츠가 가짜가 되지 않게

2025년 1월 24일   초판 1쇄 발행

지은이   **옮긴이**
브룩 보렐   신소희

펴낸이   **펴낸곳**   **등록**
조성웅   도서출판 유유   제406-2010-000032호(2010년 4월 2일)

주소
경기도 파주시 돌곶이길 180-38, 2층 (우편번호 10881)

전화   **팩스**   **홈페이지**   **전자우편**
031-946-6869   0303-3444-4645   uupress.co.kr   uupress@gmail.com

페이스북   **트위터**   **인스타그램**
facebook.com   twitter.com   instagram.com
/uupress   /uu_press   /uupress

편집   **디자인**   **조판**   **마케팅**
정민기, 김정희   이기준   정은정   전민영

제작   **인쇄**   **제책**   **물류**
제이오   (주)민언프린텍   다온바인텍   책과일터

ISBN 979-11-6770-114-5 03300

북펀드 독자 명단
후원해 주신 모든 분들께 진심으로 감사드립니다.

강경민, 강치현, 강희망, 공백, 곽윤기, 김다영, 김도원, 김라나, 김만석, 김보경,
김빛나, 김성욱, 김수연, 김수정, 김승기, 김영선, 김영우, 김영한, 김요한, 김은수,
김지성, 김찬수, 김태규, 김태희, 김편집, 나만바라바밤바, 남은경, 낮별, 두더딩,
라현빈, 레미, 마건희, 매생이쌤, 무명씨, 문세희, 문희영, 미디어교육강사길윤웅,
바람, 박세아, 박영근, 박유진, 박인성, 박준성, 박지원, 박진엽, 박형원, 박혜민,
밝둠, 배서영, 백승엽, 생강나무, 서동욱, 서혜재, 송민선, 송병열, 송승일, 송치호,
신동민, 신영수, 신홍비, 심지현, 심지현, 아샬, 안나리, 安森, 안태현, 양황승,
연세마음편한치과, 영수효봉, 오보기, 오지운, 오치영, 유미진, 유영, 유지미,
유현진, 윤사라, 윤영웅, 윤지혜, 윤태연, 이강주, 이근욱, 이길무, 이민지,
이상혁, 이서헌, 이슬기, 이시연, 이영술, 이예우, 이유빈, 이윤하, 이융희, 이은아,
이자와명채, 이주헌, 이지수, 이학운, 이혜솔, 임건순, 임벼리, 임아롱이준석,
임은영, 장용석, 장주영, 전제곤, 정보근, 정상원, 정시현, 정원, 정은호, 정철인,
정현기, 조윤숙, 조한길, 조혜원, 지애희진, 지혜준, 진현성, 책곶이, 천소민,
철딱선희, 최선우, 최성욱, 최수종, 최연정, 최창근, 최현채, 치토스누나, 핍킨
피파, ㅎㅇ, 하소현, 한미선, 한솔, 한운희, 한재희, 한주연, 허영진, 허우주, 혜윰,
황새벽, 황성재, 황성현, 황아름, 황정민